历史上很多祖师，就是在这意识之流突然被完全截断的时候，爆发出开悟的。

这个境界在一般人大喜、大怒、大衰、大乐的时候，也可能会产生。你能在它来临时认得它，多保持在这个境界，迟早可以开悟的。

这个境界甚至在打坐系统之际都会呈现的，不但如此，我年轻时人家问我，什么工夫才能开悟？我告诉他们，很简单，开悟在前泰境界就像是你大便憋急了。在大街上来回代厕所找不到，正急得不得了。忽然找到，嘿！哇，那差不多是了。

禅宗祖师说过「截断众流」，顿然而悟」那个时候才有顿悟的可能，「截断众流」是定的境界。「顿然而悟」是慧的境界，这叫定慧等持。一切众生随时都有截断众流的情况，只是认不得。当年我在四川从山上下来，看见一头牛，农夫把它背上的重负卸下来，这牛已累到极点。就蹲在那儿，一动也不动。我就上前招扣它，对牛说，老兄，你怎么不悟呢？可惜牛不懂。

南怀瑾

南怀瑾与彼得·圣吉

关于禅、生命和认知的对话

人民东方出版传媒

东方出版社

图书在版编目(CIP)数据

南怀瑾与彼得·圣吉:关于禅、生命和认知的对话/南怀瑾讲述.
—北京:东方出版社,2014.9

ISBN 978-7-5060-7776-7

Ⅰ.①南…　Ⅱ.①南…　Ⅲ.①禅宗—文集②生命—科学—文集③认知科学—文集
Ⅳ.①B946.5-53②Q1-0③B842.1-53

中国版本图书馆 CIP 数据核字(2014)第 219767 号

南怀瑾与彼得·圣吉:关于禅、生命和认知的对话
南怀瑾　讲述

责任编辑　葛灿红
出　　版：东方出版社
发　　行：人民东方出版传媒有限公司
地　　址：北京市东城区朝阳门内大街 166 号
邮　　编：100706
印　　刷：环球印刷(北京)有限公司
版　　次：2014 年 12 月第 1 版
印　　次：2014 年 12 月第 1 次印刷
开　　本：640 毫米×960 毫米　1/16
印　　张：14.5
字　　数：143 千字
书　　号：ISBN 978-7-5060-7776-7
定　　价：48.00 元
发行电话：(010)64258117　64258115　64258112

编者的话 ··

南怀瑾先生是近年来享誉国内外，特别是华人读者中的文化大师、国学大家。先生出身于书香世家，自幼饱读诗书，遍览经史子集，为其终身学业打下坚实基础；而其一生从军、执教、经商、游历、考察、讲学的经历又是不可复制的特殊经验，使得先生对国学钻研精深，体认深刻。先生于中华传统文化之儒、道、佛皆有造诣，更兼通诸子百家、诗词曲赋、天文历法、医学养生，等等，对西方文化亦有深刻体认，在中西文化界均为人敬重，堪称"一代宗师"。书剑飘零大半生后，先生终于寻根溯源返归故里，建立学堂，亲自讲解传授，为弘扬、传承和复兴民族文化精华和人文精神不遗余力，其情可感，其心可佩。

美国管理学大师彼得·圣吉（Peter M. Senge）是国际组织学习协会（Society for Organizational Learning，简称SoL）的创始人兼主席，是当代世界最具影响力的管理大师之一。他的著作《第五项修炼：学习型组织的艺术和实践》被誉为过去75年中影响最深远的管理学书籍之一。

圣吉博士对中国的儒释道文化、尤其是佛教文化颇有兴趣，早在大学期间即开始修习禅宗，并有所证悟。自20世纪90年代起，他曾先后四次带领团队拜访南怀瑾先生，就修行和人生中的困惑求教于先生。本书的上编是二人的问答对话，话题甚广，既有关于安那般那出入息的问与解，也有针对生命起源及东西方文化差异的哲学探讨，还有对某些问题的思与辩，比如关于中国企业的发展和学校教育问题，等等。在下编中，南先生给国际跨领域的知识分子和行业领袖讲解了生命科学、认知科学以及中国传统文化。南师从《易经》入手，指出"宇宙万有随时随地每一分每一秒都在变"，而且，"变的法则是有一定规律的"，所以，只有认识变、领导变，才能智慧地处理各种问题。南师更以此为楔，将中国传统文化与生命科学、认知科学联系起来，并深入浅出地讲解了人和万物的关系以及东西方文化的沟通与融合。

我社与南怀瑾先生结缘于太湖大学堂。出于对中华优秀传统文化的共同认识和传扬中华文明的强烈社会责任感、紧迫感，承蒙南怀瑾先生及其后人的信任和厚爱，独家授权，我社遵南师遗愿，对已在大陆出版过的简体字版作品进行重新整理和修订，陆续推出，力求贴近原讲原述，还原作品原貌。作为一代国学宗师，南怀瑾先生"通古今之变，成一家之言"，毕生致力于民族振兴和改善社会人心。我社深感于南先生的大爱之心，谨遵学术文化"百花齐放，百家争鸣"之原则，牢记出版人的立场和使命，尽力将大师思想和著述如实呈现读者。其妙法得失，还望读者自己领会。

东方出版社

二〇一三年十二月

目　录

第 二 章

▌下编　谈生命科学▐

为 ELIAS 讲课

什么○认知醒与梦○知的六部分作用○什么领导了
思想作用

武功○武功 气功 内功 道功 禅功

上　编

南怀瑾与彼得·圣吉

整 理 说 明

《远见杂志》二〇〇六年六月号，有一篇对趋势科技董事长张明正的访问，在介绍中说：

"美国管理学大师彼得·圣吉在一九九〇年出版《第五项修炼》一书后，十多年来在世界各地引起广大而深远的影响，带动了许多企业竞相推动学习组织。

"这几年来，彼得·圣吉开始接触中国的儒释道思想，并且多次到香港拜访国学大师南怀瑾先生。今年再提出新的管理思潮《修炼的轨迹》，将管理再推向一个新的境界。"

张明正先生在接受访问时说："我曾当面问彼得·圣吉，为什么学理工出身、后来成为组织学与管理学大师的他，会去拜禅学大师南怀瑾为师，又对中国的儒释道倍加推崇？"

圣吉博士在新书中说："在我们寻求如何为这个领域开拓新知时，有幸遇到中华文化界修为涵养极高的大师们，并承蒙他们指点。与南怀瑾大师的会谈尤其关键。他帮助我们明白，我们探索领域的共同基础。我们真心感谢能有这个机会，与中华文化世界的广大读者分享我们这趟旅程的一些见解。我们也期待能有更深度的跨文化对谈，继续与你们共同学习。"（《修炼的轨迹》第一页）

中山大学杨硕英教授说："《修炼的轨迹》中涉猎了不少

中国儒释道的修炼，其中有些背景资讯顺便一提。圣吉读斯坦福大学时就开始修习铃木大拙的禅宗。我一九九一年寄了一些南怀瑾先生佛道两家著作的英译本给圣吉，他非常用功，在世界各地演讲时均随身携带阅读。一九九五年我带他至香港见南先生，此后圣吉就依南先生的指点下苦功，每天早晚各打坐一小时，终年不断……并遵照南先生的指点，开始非常认真地研读《管子》及《大学》。"（《修炼的轨迹》第九页）

在圣吉博士一九九五年初次拜访南师后，《远见杂志》即于当年七月号发表《当彼得·圣吉遇到南怀瑾》一文，此后各方多所好奇，并关心后续的发展。

两年后（一九九七）的六月，圣吉博士一行五人到香港，参加南师主持的禅七。据杨教授说："他们返美后五人每月聚会……温习禅七所学，非常精进。近年来圣吉向南先生请益的次数就更频繁了。"

圣吉博士平时与南师的问答，皆由彭嘉恒翻译联系。二〇〇三年起，一连三年，圣吉博士一行，每次以三日的时间，前往拜会南师，继续他的参访学习。

二〇〇四年圣吉等人的新著 *Presence：An Exploration of Profound Change in People Organization and Society* 在美国出版，中译名称《修炼的轨迹》，于二〇〇六年六月在台湾出版。中译本第四页说：这本书"却有如禅宗师父的一棒，告诉你：打开你的心智模式吧，没有答案。……学习大师不怕承认他仍在探索、在学习，他谦虚为怀地说：我们所知有限，我们所学到的一切，仍有永恒的奥秘蕴藏其中。"

圣吉在这本新书中说："南大师的种种成就，似乎不可能同时出现在一个人身上，美国国务院驻中国的一名高阶官员曾告诉过我，按照传统，中国皇帝的顾问必须是集一切文化传统于一身的大师级人物。这位官员说：'南先生可能是符合这种传统的最后一人。'"（二四〇页）

圣吉博士一行，十年来锲而不舍地研习中华文化，就像他的恩师佛睿斯特（即杰伊·弗莱斯特）一样，"总是献身于探索最重要的问题……"圣吉的著作，曾被《纽约时报》评为十年中最具影响力者。由种种迹象显示，圣吉是站在时代的前端，他的努力似乎引导着西方文化的行进。在他们这本新书中，更突显出东西文化汇流的趋势。这对人类文化而言，颇具积极意义，也是可喜的现象。

至于有人曾问圣吉参学禅宗南大师一事，足以说明他对中华文化的领悟超过了一般学者。禅宗虽源自印度，但这颗种子飞到中国后，在儒道老庄及诸子百家的沃土上才能苗壮，开花，结果，形成另一支中华文化，已为世所公认。各方涉入虽或深或浅，但千余年来对文化各层面的巨大影响，堪称无言可喻。深入研究，禅更关联时代热门的生命科学，由此可知，圣吉等的文化智慧非比寻常。

为了使广大读者了解之故，我们将三次访谈真实记录，整理出版了这本书，其中二〇〇三年的参晤，系由石宏先生整理完成，并译成英文寄交圣吉博士。

其余二〇〇四年及二〇〇五年两次的记录及整理，参加工作的人很多，如官大治录音，刘煜瑞、赵云生实况笔录，检对许衡山，初步校录整理马宏达，电脑校正宏忍师，资料查对张振熔等，现趁此出版之际，特别向他们致谢，并向三次担任口译工作的彭嘉恒先生一并表达谢忱。

又，书中的内容提要，为编者所加。

刘雨虹　记

二○○六年七月于庙港

第 一 章

时间：二〇〇三年十一月十日至十四日

第一讲

南师：开始讲修持之前，我先问你，在你几年前来这里参加禅七打坐以前，你有没有在别的地方学过静坐、瑜珈、冥想之类的？

圣吉：我初学静坐，是在加州一所由日本禅宗大师铃木大拙开办的禅修中心。那是很多年以前了，我当时约廿一岁，还是大学生。其后我也陆续参加过一些其他的静坐活动，像是印度大师 Swami Muktanada 的课程，还有一些开发人类潜能运动之类的修习。

南师：以你的年龄，应该没有见过铃木大拙本人。

圣吉：是的，我参加他的禅修中心时，铃木大拙本人已经去世了。

南师：铃木大拙只是讲禅，不做工夫的。修持正是我们今天要谈的题目。无论如何，比起密宗还有一些其他的门派，至少你由禅宗开始，算是走了一个比较好的路线。

在正式开始之前，我再问你一个简单的问题，你学这个的目的是为了入世还是出世？因为目的不同，开始修持的方法也不同，但是到最后仍然是相结合的。

圣吉：好一个简单的问题！好，我给一个简单的回答，我想为人类做出贡献。

南师：好，这是你现在这一次的答案，你自己记住。你

每天打坐几次？

圣吉：早晚各一次。

南师：每次多久呢？

圣吉：早上一坐约四十五分钟到七十五分钟，晚上约半小时。我早上也做气功，所以一共要用上两小时。

南师：针对你的目的，我们谈一些修持的方法。你做了精神会好，心理也会宁静很多。

上次你来这里的七天当中，我们有没有提过生与死的问题？人怎样生出来的，死时又是什么情形？

圣吉：有的。

南师：现在我们只讲生的一面。生命都有两个层面，一个是知觉的，像是意识、思想、情绪；另一个是感觉的，例如疲劳想睡、肚子饿要吃等。知觉用现代话说是心理的，感觉是生理的；西方说知觉是理性的，感觉是感性。西方认为理性是唯心的，这不同于我们讲的唯心，他们认为感性是唯物的。

当你打坐时，你的思想在转动，有时多一点有时少一点，你清楚吗？

圣吉：很清楚。

南师：这个思想，缩小到唯识的说法，是属于第六意识的分别意识。你还记得，我说过第六意识不属于身体，也不属于脑，不在内，也不在外，无所在，又无所不在。密宗和西方观念认为第六意识是在脑，这是错误的，因为脑仅仅是身识的一部分。

我常听人说打坐坐不久，坐久了不是这里不舒服就是那

里痛。如果有人用枪指住你的头，你敢动一下就开枪，你还敢下座吗？这时第六意识都知道，可是身识就不影响你了。

圣吉：是的，我有时打坐时腿部抽筋，非常痛，但是还会忍住不动。如果是在睡梦中抽筋，我一定会本能地放开腿去按摩它。

南师：不错。所以打坐坐不住了，到底是身子坐不住还是心坐不住？自己检查看看，大部分都是第六意识要你下座的。第六意识昼夜都在不停地流动，连睡眠时也不停，仍在做梦。不过也会有短暂的停止，不做梦了，好像真睡着了，其实那个还是第六意识的境界，是第六意识呈现的昏沉境界，我们叫它睡眠。你打坐时有过第六意识被截断的经验吗？

圣吉：有时候有，但是不常。

南师：可惜那一下你把握不住，否则今天的你就不同了。不只是你，所有的人都不行。这一刹那不是只有在打坐时来到，行住坐卧，任何姿势都有可能发生这个第六意识之流被切断的情形。这像是把流水一样的知性从中截断，是很不容易发生的。下次碰上了千万不要错过，就定在那上面，越久越好。

圣吉：我是碰过几次的，其中一次是我在一个冰冻的湖边上，它突然来了，我的念头完全停下来，当时没有任何感觉或知觉。在打坐时，也发生过几次。

南师：好。铃木大拙讲了很多这种境界，但不要搞错，这完全不是开悟。这仅仅是个提供开悟的机会，也不要认为是开悟之门。历史上很多祖师，就是在这意识之流突然被完

全截断的时候，爆发出开悟的。

这个境界在一般人大喜、大怒、大哀、大乐的时候，也可能会产生。你能在它来临时认得它，多保持在这个境界，迟早可以开悟的。

在中国宋朝的时候，有位官做得很大的文人，他去请教一位禅师，问佛经上说一阵黑风把你吹到罗刹国土，是什么意思。哪晓得这位一向待他很好的师父，居然把脸一变，把他羞辱痛骂一顿。这位官员素来对师父恭敬，不料被这么一骂，气得不得了，正待发作，此时师父又收起忿怒之相，对他说，喂，这就是一阵黑风把你吹到罗刹国土了。这文人惭愧之极，当下称谢。

这个境界甚至在打仗杀敌之际都会呈现的。不但如此，我年轻时人家问我，什么工夫才能开悟？我告诉他们，很简单，开悟的前奏境界就像是你大便憋急了，在大街上来回找厕所找不到，正急得不得了，忽然找到，裤子一脱，咚，哇！那差不多是了。

另有一个禅宗故事，有个居士在外参禅三十年不开悟，灰心了，算了，还是回家吧。他回家当晚就与妻子行房，正当紧要之际，他忽然一跃而起，大呼我悟了！把太太都吓昏了。我可不是鼓励你们天天去找另一半练习这个！

禅宗祖师说过"截断众流，顿然而悟"，那个时候才有顿悟的可能。截断众流是定的境界，顿然而悟是慧的境界，这叫定慧等持。一切众生随时都有截断众流的情况，只是认不得。当年我在四川从山上下来，看见一头牛，农夫把它背上的重负卸下来，这牛已累到极点，就顿在那儿，一动也不

动。我就上前拍拍它，对牛说，老兄，你怎么不悟呢？可惜牛不懂。

在中国的《高僧传》中提到过有两位同参的师兄弟，程度都很高了，其中一人明白前生来世事，自己也知道将要死了，死后会投胎作牛还债，就告诉他师兄，请到时提醒一声。这僧人随后就死了，师兄也依僧制将他火化。十八年之后，这师兄有位徒弟要下山去南方，师兄就吩咐徒弟在某日某时某地，你会见到一头牛，你上前对它呼唤我师弟的法名，并且帮我对它读一封信。徒弟依照指示，届时果然在师父讲的地方碰到一头牛，就上前连呼名字，并且拿出信来读："可以解脱了！"那牛听了，站着就死了，就解脱了。

你静坐要找好的境界，当你一上座刚把腿盘起来那一刹那，就是最好的。当你把腿盘好了，心里想着要打坐修行，妄念就来了。

这一大段是讲关于知觉、理性的部分。现在来讲感觉部分，生理的。我们采用佛家的说法，这个身体有五大：地、水、火、风、空，这你已经知道了。你知道中国正好发射了载人卫星去太空吗？

圣吉：知道。

南师：我们就用这个讲。这个地球的土地是地，大地是浮在水上面，是有温度的。温度高的叫热，低的叫冷。最冷到零下几百度，但还是有个温度的，是相对的。地、水、火外面包着一层是气。气不是风，气动了叫风。火箭上升时，冲到大气层时会发高热，因为与气摩擦的关系。气的外面是空，这空还是东西，是物理的空，不是佛家讲的空。

我们的人体也是一样，五脏六腑、骨骼这些都是地，是浮在水上，人体的百分之七十也是水，也是温度。包含这些东西的是气体，这气体是宁静的，还是物质，动了就是风。它是无色有质的，也就是眼睛看不见的。虚空也是如此，无色有质。人体向两侧张开双臂所形成的一圈空间就是虚空，这个里头有光的，现代科学可以照相出来。这就是地、水、火、风空五大。

圣吉： 您所说的，罩在身体外面的光环（Aura），与五大是什么关系？

南师： 地、水、火、风每一样都自己会放光的。所以修白骨观到最后要你观想白骨流光，其实白骨自己会发光的。

五大当中最重要的是风大，风大不是呼吸，但是到我们生下来成了后天的呼吸作用。人为什么要呼吸？照科学的道理，吸进来是氧气，吐出来成了二氧化碳。碳气在身体内不对了，自然要吐出来的。树木也呼吸的，不过白天吐出来是氧气，到晚上也吐出二氧化碳。所以晚上不要去树林走，不要以为那儿空气新鲜。

圣吉： 容我打个岔，空气中的氧和二氧化碳是否仍旧算是地大？我的意思是，因为氧的流动形成了风，可是氧本身是地大。

南师： 氧是风大，可是要知道，这个身体里面完全没有碳也是不行的。所有的草木、动物、矿物，乃至一个细胞，都有膨胀收缩，也就是这个呼吸的作用。如果把呼吸停掉就进入那个空大，物理空的境界，空大的压力是非常大的。

圣吉： 您说的停止呼吸是停止心肺的口鼻呼吸，还是停

止整个身体的呼吸？

南师：这个我们等一下再谈。

胎儿在母亲子宫中不是用鼻子呼吸，完全靠脐带。生下来把脐带一剪，嘴里面的脏东西掏干净（顺便一提，这脏东西都是胎毒，如果挖不干净日后会引起各种疾病），婴儿哇的一声，先把生命中的气吐出来，鼻子才吸入第一口气，以后就不断一呼一吸到死亡为止。（有经典说法不同）

你打坐时气住了，鼻子呼吸停了，此时会感到慢慢下腹在动，就像胎儿不用鼻子呼吸用脐带呼吸一样。可是一般人做不到，他一到这个阶段，就有一股气向前冲。在肚脐以下耻毛以上的一条线的位置，我们过去叫青春腺，气冲到这里，性欲就上来了，就非要解决不可，结果就放掉了。此时如果可以不犯性欲，身体自然就一天天好起来了。在我的少年时期常觉得青春腺这里很舒服，你年轻时也觉得如此吗？

圣吉：我不记得了。

南师：你太聪明了，聪明的人青春期来得早，容易早熟。你大概很早就失去青春了，哈哈哈！在座其他人也一样吗？至少你们小时候在屙尿后会哆嗦一下吧？有吗？

明天我们继续讲，要教你用功的方法，今天先把法门的名称告诉你，叫做安那般那，安那是出气，般那是进气。严格说来，安那般那是关于膨胀收缩，不是指呼吸。今天就讲到这里了。

圣吉：我想澄清一下关于五大的问题，譬如水，煮沸了成汽，就不是水了，水结冰了，就成了固体的土了。是否正确？

南师：是的，水大和土大关系很密切，所以人体百分之七十是水。但不是说四大可以变来变去，佛讲过的："四大性离"，它们各有各的范围，水化成蒸气，是水受风的影响，变成蒸气的现象，不是水变成风。四大性离，组合起来变成物质世界，变成身体生命。四大最后归到空，空大又和四大彼此不相关的。

南怀瑾先生与彼得·圣吉

第二讲

南师：今天开始为你讲安那般那的修行方法。这在佛家讲算是共法，不是不共法。为什么呢？因为像印度的军荼利（今多译为昆达利尼）瑜珈或其他瑜珈门派，婆罗门教，西藏密教，小乘、大乘，乃至其他世界上一切的宗教，在讲修定求静，都共同走这个路线，所以称为共法。至于佛法和其他宗教的不共法，是讲般若、智慧的成就，不过仍然是要配合共法的修行而来。

现在我们把名词重讲一下，呼出去叫安那，吸气进来是般那，中文叫出入息。上次说过，人在胎中是不用鼻呼吸的，所以胎儿没有出入息。但是胎儿自己有股生命的功能，自己有息，有生有灭，是生灭的现象。比喻来说，就好像是电流一样，记住这只是比喻。但是生灭不是中断的，而是相续不断的。

胎儿出生，脐带剪断了，嘴巴里的脏东西挖出来，开口"哇"一声，原来生命里的气呼出来，然后鼻子吸入第一口气。最后死的时候又再呼出最后一口气。佛经、密教、道家都没有交代清楚的一点是，婴儿从生下来到死亡，都是呼吸自然往来；但是胎儿没有鼻孔或毛孔的呼吸，只靠一股用今天的话说是能量的作用，不断地膨胀收缩，生命就逐渐成长。真修息是修那个作用，不是呼吸往来的作用。这一点要先交代清楚。

现在一般的呼吸修持方法叫数息观，分数息、随息、止息。包括日本禅宗在内，大家都把呼吸往来当成息了，他们讲的数息，不是指那个不呼不吸生命本源的息。中文里"息"是休息之意，《易经》观念的息是成长的意思。呼吸往来是消耗放射的作用，吸进来呼出去是生灭法；但是"息"不是消耗，而是不进不出，停止在那儿。这个是了生死的法门。

中国的天台宗讲得非常清楚，把呼吸和息的关系分成四种：一进一出很急促的，只到肺部，例如在跑步时的呼吸，叫作"喘"。不急促的往来呼吸叫作"风"。比较深长的，宁静了的呼吸，譬如在打坐或者睡着时的，很细，连自己都听不见声音，只在鼻尖上有感觉的叫作"气"。你观察人的睡相，如果还有呼吸往来，这人没真正睡着，脑中没有完全休息。有那么一刹那，这人不呼不吸了，那是真睡着了，那是"息"的境界，完全宁静了。普通人在静坐或睡眠时碰到这个境界是很短暂的，马上又回到呼吸往来境界，气又一进一出。一个人打坐时，在他旁边可以听到他呼吸很粗的，那根本就是在散乱，哪里是打坐！有经验的老师只要一看一听，就知道此人是否真正在打坐。

西方的运动不谈，现在连东方练武术气功的，甚至瑜珈的，都教人把气吸进来，保持在下腹丹田，然后叫这个是"气"，那是完全搞错了，这是在玩弄"风"。而且把气憋在肚子里，只会搞得肚子愈来愈大。这么做，充其量只是帮助内脏运动而已。

你注意一下八九岁的童子，他身子的肺部和胃部是圆满成一条线下来的，他呼吸进来是遍及全身的。真练工夫的

人，懂得吸气进来时，腹部是收进去的。打拳的人一出拳会"喝"一声，这是把气放出来增加力量，比闷声不响出拳的力气大。但这只是风的作用，不是息的作用，气真的充满时，不呼不吸了，只要意念一动就起作用了。

普通人呼吸都是肺部作用，只用到一半呼吸，不要说息了，连气都不算。能练到气了，身体绝对会健康的。有禅定工夫的人，呼吸就不在肺部，而是在丹田，这是自然的。童子成长了，有了男女关系之后，气就破掉了，呼吸就只有一半了。丹田呼吸指的是在娘胎里用肚脐的自然呼吸，但这还只是气，不是息。

像某人的女儿只有十四五岁，最近几个月跟着妈妈打坐，她就告诉妈妈，其实人的呼吸不管白天还是晚上，都是在肚子这里呼吸的。成年人能做到随时这样呼吸，此人一定健康。至于进一步练到长生，也要从这里开始练。

为什么跟你讲这些呢？因为我看到你在报告中说，自己打坐时呼吸停止了，其实还没有停止，但是也差不多了，所以详细为你说一次。不过要注意，如果工夫到了止息境界，身心会起很多变化，这慢慢再说。你要知道，念头和息是两回事，假如我们每个思想都能和息配合，就进入禅定了。

多年以前，我大概二十五六岁时，有一天陪同我的老师散步。他忽然抓住我的手，问："是思想先动还是气先动？"我毫不考虑就回答："当然是思想先动。"他把我的手一放，说："了不起，你真懂了。我问过好多的老前辈，他们都认为是气动了念头才动，其实不是的。"

所以，念头和气是两个东西，要能做到呼吸不动，念头

专一不散乱，这叫作"心息相依"，在密宗叫"心气合一"。念头不散乱，只有一个念头，与气合一了，是很重要的。像这个女孩，虽然已经有过月经了，但是因为心念比较清净，就容易做到在丹田呼吸。年纪愈大，心愈乱。思想愈动，气也愈短，就不容易做到了。

打坐时能先做到气充满下半身，继而到四肢，然后鼻子没有了呼吸，那就差不多要到止息了。

圣吉：我有时打坐时呼吸停了，我注意到：如果又开始呼吸，是因为我的念头动了。换言之，也是念头先动，气再跟着动。

南师：是的，念动然后气动。要心息相依才能得定，心动了，息也就动了。安那般那这个法门是非常细的，这一次我不能详细讲，只能初步说说。有时一个人在极度专心工作时也会有暂停呼吸的情形，在受到极度惊吓的时候也会如此。这是因为心念高度集中了，所以基本上都是心念的关系。念头清净了，呼吸也放慢了。了解这个，对于你的身心都会有很大的帮助。

所以第一要明白自己呼吸的长短，佛经说："息长知长，息短知短。"而息充满全身也知道，息导致全身每一个细胞起变化也知道，这个知道的知是心的知。可是一般人解释错了，认为息是呼吸，注意力就放在一进一出的呼吸上，变成在练气了，这是大错特错。知道息长短，是要知道这个不呼不吸暂停期间的长短。开始时，这个暂停的期间是很短的，慢慢练习久了，念也定住了，能跟它配合，气就能充满你全身。今天已经讲得很多了，你去练习练习，明天再继续。

第三讲

南师：昨天讲安那般那，讲息的道理，有什么体会吗？

圣吉：很有用。

南师：我知道你以前学过，也会用呼吸法门，现在要懂息的道理。

圣吉：我就这个问题想请教老师，当我的呼吸全静下来了，我是清楚知道的，一切都静了下来。可是当我的鼻子呼吸停止时，我仍然觉得腹部的中心，大概就是丹田位置仍然在呼吸。这是否就是老师在第一天所讲的，细胞也会有的膨胀收缩功能？

南师：你问这问题代表你没把昨天讲的听进去，这个法门的确很难。我先回答你的问题，然后再把安那般那法门讲一次。你太着意在呼吸的一进一出上了，我教你的是个大的呼吸法门，你专重鼻子的呼吸变成在练气功了。

我们现在讲的是禅定，你打坐时先把念头放松，什么都不去管，过去、现在、未来都抛开。自然地呼吸，开始时是用鼻子呼吸，当你静下来了，呼吸会变得深长。慢慢地自然会成为丹田呼吸，不用你去着意或者去守住丹田的。密宗和道家会要你守丹田，我们现在讲的安那般那法门不用这个。

圣吉：我的经验是它会自然发生，不可能人为产生。

南师：对，就像昨天告诉你的，你要知道呼吸变得深

长。现在我为你重复一次安那般那的要点。这个法门依中国的天台宗，是有为工夫配合无为工夫一起的，上座后身心都放掉，一切不管，先清净一下，即使是假象的清净也没关系。

其次，你调整清理身体内部。一般人饮食男女没有断的，身体都有毛病，就成为修行的障碍。天台宗用"六字口诀"来清理身体内部。这个法门最原始是跟着佛法传到中国来的，不是天台宗的祖师们所创造的。后来中国的道家也学着用。六个字和相对应的器官是：

呵（读如"猴"）→心

呼→胃

嘘（读如"河威"合音）→肝

吹→肾

嘻（读如"河宜"合音）→三焦（荷尔蒙系统，甲状腺、胸腺、肾上腺）

呬（读如"斯"）→肺

（括弧内为国语发音）

这些字本身没有意义，你每一口气拉长读一个字，但是不能读出声音来，你只是要借用它们发音的嘴形，以听不见嘴中发音或呼气的声音为准。看我做（南师示范）。

当你一口气吐出"呵"的时候，观想在心脏部位的业气、病气都吐出来了。一口气吐尽了，把嘴一闭，身体自然会吸气进来，完全不用你去指挥，也不用费力。你如果在吐完气之后还拼命吸气回来，是错误的做法。另外五个字也是一样。

好，你每次练习安那般那，第一，把念头都抛开，放松身体。第二，用六字口诀调整身体里面的器官，或者有其他不舒服的地方，也用呼气的方法清理。例如，你觉得胸口闷闷的，可能是心或者肺的问题，就用"呵"或者"呬"字。腰部不舒服可能是肾的问题，就用"吹"字。余法类推。这里面还可以配合特定的动作，可以练武功练剑，有一种功夫可以把吐气练成嘴中的吹剑……我们这儿讲不完的。

做完全部六字口诀也要用上不少时间，把内部打扫干净，气路通畅了，就自然进入安那般那呼吸，但不用特别去注意呼吸。我在第一天说过，风大是五大中最重要的，所有的病都是因为气不通而起的。

你做了清理，如果还有哪里不对，再用安那排出病气业气。你如果思想不能静，能真练好了出气，思想烦恼也会少了。我们人在大烦恼或者累极了的时候怎么做？是不是长叹一口气？对不对？叹出去就舒服了。男女在做完那事也会叹一口气，然后睡得像两条死猪，舒服了。人死的时候，最后一口气是出去的。人出生时，第一口气也是出去的。

讲回静坐，练完了六字口诀，自然地呼吸，只有知性在看着呼吸。记得知性不是在脑中的。呼吸变得深长，你非常清楚；如果你的念头此起彼落，你的呼吸是短促的，你也非常清楚。佛经讲得很清楚，呼吸有长中长，长中短，有短中短，短中长。为什么如此？佛没有说。那同你的身体健康有关系。如果静坐时你的呼吸忽长忽短，这可能是你当天的情绪不定，吃的东西不对，乃至天气变化都会有影响。

当呼吸粗重时，你会感觉到在鼻尖，渐渐、渐渐地，感

觉到了眉心，最后才到了头顶。当你还不够静时，你好像感到有东西进出。其实并不是空气真的进出你的头顶，都只是你心理的感觉。当你念头定住了，就不会有这种感觉了，那就是息。

所以，你在练习时，只是知道呼吸的长短进出，只看这个，不要管念头。好像在看着一个小孩子在房中跑来跑去，你知道他在那儿，不用去帮他忙。这也像是看着水中的鱼游来游去，你知道鱼在那儿，你不用去碰它。看着呼吸的长短、进出，慢慢地，愈来愈深愈长，到了不呼不吸了，就是止息。

止息以后，知道全身充满了气。如果觉得哪里不通，用意识观，把那部位的病气业气送出去，甚至放个屁放出去。最麻烦的是气到了性器官，这时候不要去管它，把这个看的念头也去掉，它就没有了。你愈看它就愈是帮它，它就愈来愈强，直到你忍不住了，只得去寻求发泄。当这种问题来了，你要知道如何处理，懂吗？

当你全身充满了气，把念头都抛开，慢慢地气也稳定了，这时就可以常在不呼不吸中。其实也不是绝对地不呼吸，只是隔了许久才呼吸一次。如果此时有气进来，把它放出去，身体就空灵了。这时身中就会生起光明，可能在头部或者在背上，或者最好的情形是在下半身生起的。此时口水分泌会特别旺盛，不用吞咽，它自然会下去，这就是甘露，是最好的双性荷尔蒙。慢慢地连身体的感觉也没有了，进入了光明定中。

我只能为你讲到这里了，讲多了反而会害了你。

很多人以为吸气能充实生命，就练吸气，真是愚不可及！真正的秘法正好相反，要舍，把它放出去。大乘道叫布施，把自己的气乃至生命给一切众生。

练习中最难的是腰部以下，到腿，到足趾。两足是最难打通的，一旦通了，就会生起非常舒服的感觉，继而产生乐感，比性的快感还要好。乐感由腿上升到头，由脑所生的乐感是无比的欢喜，无法形容的。到了这一地步，身体就不是障碍了。一般人打坐总还觉得身上有这里或那里的不舒服，就是觉得有身，所以身体就变成了障碍。身体不障碍，下一步就要修菩提了。到这里为止是共法，外道也可以修到的。至于身体上的各种感觉，酸痛胀麻痒等等，大类的有三十四种之多，我们下次再讲。今天所讲的足够你消化一年了。

圣吉：的确，的确。

南师：你们有练瑜珈的，如果筋肉拉不开时，用呼气的方法可以帮你伸展开来，你气吸得愈饱，愈难伸展开来。气跑到了脑子是最难放的，比下半身的气还难放掉。能把脑中的气放掉了，头都空掉了，什么智慧都发起了。真正的问题是在上面，不是在下面。下面的问题都是假的，都是由上面来的。所以把头砍掉就什么问题都没了。这不是笑话，佛陀教的白骨观的修法，就有观想把头骨切掉，倒转过来放进腹腔的空间中，如果你能观得起来，什么高血压之类的，就都没了。今天到此为止，去练习吧。

第四讲

南师：今天是这一回为你讲修持的最后一次，主要做些补充。在开始之前，我先问你两个问题。前几天听下来，实验得如何？

圣吉：我对"止"和"观"仍然不是分得太清楚，而且愈搞愈糊涂。我懂了什么是止息，但是不肯定是否这时要开始用观，次序是否如此？

南师：你先要了解，我们在讲的是禅定法门，而止观是个总的，两者有关联可是逻辑上不同。止和观就是奢摩他和毗钵舍那，是所有宗教所有法门在修行上都用上的，它同我们所讨论的种种生理情形是有连带关系，但是并不只是生理的。止和观是一种方便，是一种手段。禅定不过是止的其中一种，但是不能说禅定就是止。其实当你进入止息境界的时候，你早已经在观了。昨天说过，这个观是知性的作用。这个的确不容易搞清楚。

我再讲一次，从佛法立场来看，所有禅定的工夫，包括大小乘的戒、定、慧、六波罗蜜，所有宗教的祈祷，各种的瑜珈、冥想等等，都是要证入菩提的手段。手段不是目标，目标用现代的词汇来讲是形而上的，手段是形而下的。一旦进入了形而上的境界，所有形而下的都成了空话废话。《楞严经》告诉我们："但有名言，都无实义。"手段是一种方

便，你一定要搞清楚。

这个话题到此为止，我再问你第二个问题，你还记得我们在九七年打禅七时讲过的"四禅八定"吗？

圣吉：记得。

南师：好。我们开始今天要讲的材料。

修行的人经常被各种幻觉拉着走，我第一天对你说过，人生无时无刻不受知觉和感觉的影响。我们的各种情绪，像喜怒哀乐，是感觉来的，不是知觉。换言之，它们是生理的，不是心理的。

现在你手中拿的材料，是我今年稍早在大陆打七时所讲的内容，抽出其中的一部分。这是三十四种色法，因为时间关系，只能大略说一下。

根据佛学的归纳，这个生理的、物理的是属于五阴中色法的范围。《心经》上说五蕴皆空。五蕴就是五阴，阴就是盖住了的，人类自己不知道。

第二个是受，是感触，譬如我们感到冷暖舒不舒服，男女饮食的快感不快感等等，都是受阴范围。受的对面是触，就是交感，生命与物理世界接触的交感作用，触与受是连着的，是感觉。我们生命活着每天大都被感觉拉着跑，自己都在糊涂中。有人做工夫发起了特异功能，神通境界，实际上绝大多数都是感觉的物理变化，都靠不住的。依佛学的归纳，触受只有三种：苦受、乐受、不苦不乐受。我们每天在清醒时多数是在苦受中，乐受是很少的，只是大家不知道而已。在不苦不乐受中也很少，只有在睡眠和昏迷中才有。

圣吉：请问为什么五阴又叫作五蕴？

南师：阴是说有这个作用，可是人的智慧却看不见，所以是阴暗的，也叫做五蕴，蕴是聚集的意思，也有累积的意思。阴是盖着的意思。这两种叫法都对，也只呈现其中一面的意思。所以佛经从梵文翻成中文时，也碰到过大问题的。例如第八识阿赖耶识就只好翻音，成为阿赖耶识，是蕴藏的意思，它的内容有能藏、所藏、执藏三个功能，翻成一个功能都不全面。五蕴同阿赖耶识整个关联的，生命的本能就蕴藏在里面。

五阴是分类归纳生命的存在，物理的是色阴一种。其次是受阴，是心理和物理世界交感而起的。然后是知觉的，思想，想阴。再来是行阴，这个高了，是所有物理世界所依靠的动的力量。现在人类所使用的动力像太阳、石油，并不是永恒的。今天的科学还没有找到那个永恒的动力，假使找到了，整个人类思想就通通变了。我们的生命有个东西在驱动，那就是行阴，是永远在运动的。这个观念是心物一元的，行阴的后面是整个唯心的，是心物一元的唯心的识阴。这就是五阴。

时间关系这个题目我们只能讲到这里了。现在赶快回头讲三十四触，只能念一念。其中三十种是所触：轻、重、滑、涩、软、硬、缓、急、冷、暖、渴、闷、力、劣、饥、饱、酸、痒、胀、麻、粗、细、酸、黏、老、病、死、疲、息、动。我再加一个静，就成为三十一种。还有四种是能触：地、水、火、风，是基本功能，都是生理的。

这些还只是主要的类别，如果依照现代医理学、心理学，还可以再细分出很多种。为什么要认识它们？你做工夫

时这些现象会不规则地随时出现，你认识了就不觉得稀奇了。你用功进步，身上毛病好了，皮肤也变嫩了，返老还童了，都是自然的变化。如果思想认识不清，自以为了不起了，可以去当教主了，那就走偏。你认识清楚了，这些都是心理的、物理的自然变化。

每一个名词包含的内容都很多的。例如人的老病死，到疲到息，这其中分析起来有很多的。在修行做工夫上，有四个字特别重要："知时知量"，你要记住。同时，你把这四个字用到世法上，像你讲的管理学，也都用得上，投资、打仗都要"知时知量"，非常非常重要。

今天所讲的牵涉起来非常广了，正式讲起来恐怕要上一学期的课。发生了问题你要知道该如何去调整，这中间又要牵涉医理。例如你用功起来，到了一个阶段全身发痒，你怎么处理？这可能要靠药物帮助，但治本还是要用工夫转过来。或者用其他方法，像传统中医的一砭、二针、三灸、四汤药。该用哪一样？这治疗还要配合气候，这又要懂气象懂天文。所以生命活着，你要去玩它是很麻烦的，最好死掉！

圣吉：那我怎么办？住得离老师那么远！

南师：没有办法了。除非你整家搬过来跟着我十年吧，假定我还没有死。这边有的人跟着我很多年了，有人还跟了我快三十年了！

时间来不及了，赶快讲第二个题目，三类色法：

一、表色，表现出人生命的，有四对八种：行、住、坐、卧、屈、伸、取、舍。

二、形色，有形的，也有四对八种：长、短、方、圆、

高、下、正、不正。

三、显色，它是主要的，不属于表色、形色的，有十二种：青、黄、赤、白、云、雾（云轻雾重）、烟、尘（烟凝结了变灰尘）、明、暗、光、影。

为什么要你知道这些呢？你打坐修行时见到这些显色，如果不明白这个道理，就会被这些幻象所迷，自以为了不起了。这些都属于"独影意识"境界，都是物理的作用，是身体内部摩擦产生的自然现象，不是神通。

你注意喔！我并不是说这些都是不好的，都不应该要的。不要误解。是要你碰到这些现象知道是什么作用。

有些人专利用它们来修某一种特殊的法门。讲一个例子，我年轻时在西藏住过，同学们在玩时，有一个人定，他的身体隐藏到一团彩色的光影中，就看不见了。我就伸手到他的光影中去，拍他一下，"不要玩了！"一般世俗的人看到可不得了了，以为他有神通啦。

这种情形在高原气候地区比较容易发生，像西藏地区、云贵地区、不丹、北印度。我觉得那里像是神仙国境，人到了那里好像身体都轻了许多，感觉飘飘然的。

这些不一定是坏事，不是叫你要，也不是叫你不要，"知时知量"是最重要的，这一知是最难的。你经历了这些境界，到你死了，那个中阴身也有物理作用的。今天的科学是没法讲这个的，可是这几年西方的电影也变了，开始接受因果、前生后世以及中阴身的观念了。

中阴身有没有物理呢？都属于光、影、明、暗的。这在佛学叫作"法处所摄色"，属于意识变出来灵魂的境界。例

如，注意，这只是比喻，我们做梦可以闻到气味，尝到东西；有时候，你在梦中哭了，一醒过来发现枕头是湿的。你们可能没这个经验，可是在我身上发生很多次，特别是在对日抗战期间。我当时是个军官，驻守在四川，家人都留在东边老家，在日本人的占领区内，国破家亡，与家人不能通讯，不知生死。我当时是带兵的，表面很风光，可是回到自己的房间中，好多次在梦中见到父母亲都会哭，早晨醒来枕头就是湿的。

再假如我死了，你们围着我哭喊，我在旁边也会受到你们的情绪影响，会跟着哭。这就是阿赖耶识的中阴身，它同样会流泪，不过不是我们活着这个物理世界的眼泪。这种法处所摄色是非常细致的，这是个大科学，能结合起来研究就是《楞严经》所说的"心能转物，物能转心"的道理了。

好了，差不多了，你明天要上路了，就讲到这里吧。

第 二 章

時間：二〇〇四年十一月八日至十日

第一讲

南师：你这一次来，虽然问题还没有提，但是我知道你们的问题大概在什么地方。刚才我们先谈了美国现在认知科学的情况，你大概讲了一下。正如我所想的，认知科学走到旁门左道了，没有真正向认知科学的本题发展。换句话说，他们对认知科学的研究，配合了脑科医学、心理学，慢慢和西藏密宗尤其与达赖那一派的结合，把对生命科学的研究，演变成对前生后世有没有灵魂存在的问题了。这个路线，离认知科学主题也越来越远了。

　　如果真正讲认知科学的话，就是过去希腊哲学所讲的认识论。所谓认识论，就是对于能知觉、能思想的本身问题的研究。换句话说，就是中国文化讲的知性，也就是讨论能够知道一切的"能知之性"是什么，这才是正题；当然也包括了灵魂等问题。这个问题这次暂时不谈，等你下次来，我们再讨论。真要建立认知科学的方向的话，要好多科学家参与，尤其是物理学家，量子物理学家，等等。等我庙港那里的建筑好了，我通知你约一些科学家来，像研究物理学的、真空物理学、量子物理学、化学、医学等等，这些人一起来，我们再来讨论。这是就我们刚才在外面喝茶时谈到的问题，我给你的一个结论。

　　我看了你们两位（以前一同来的），对你们两位有一个

感想；你们的身体、精神比以前差了，你们太忙了，不知道你们感觉到没有。

圣吉：我自己没有太觉得。

南师：你们太忙了，给名困住了。名气越来越大，演讲越来越多，消耗也越多。凯恩斯的经济学理论，消费刺激生产，但人不是物质，人的生命、精神消费太多，生产反而就没有了。人消耗的越多，接触面越广，知识也越渊博，越渊博消耗越厉害。你们自己也没有注意，其实，我也老了，人是一年比一年老的，我现在八十七了，快到九十了，你们也要注意这一点。

你们上一次来（一九九七年），我给你们讲的禅修，到现在七年了，他们出家都十几年了（指在场的出家人），他们比你年轻，还不到四十，现在希望来这里专修。所谓专修，他们当然没有女人，什么都没有，单独在这里，一天到晚做这个事。将来修到什么程度，还不知道。这是讲他们出家人的事。所谓出家，就没有夫妻关系，没有儿女关系，所有的社会关系都没有。你们在家的，不会进步太快，因为在家的有老婆、孩子、名誉、工作，社会关系一大堆，都是拖住自己的，所以很难。因为难，现在我再浓缩给你们讲一下。你们只有三天在这里，希望你们重新有一个认识。

一个生命活着，只有两样东西，我从前给你们讲过的，一个是生理的，身体的；一个是精神的，思想的。精神思想同现在所讲的认知科学有关系的。现在把精神思想摆一边，先把生理、精神两个东西合拢来的一个人，简单地讲一讲。

真正研究生命科学的，最早提出来的是释迦牟尼。以我

的观点告诉你们，整个佛学，包括密宗、禅宗，佛学的小乘、大乘，等等，各门各派综合起来，可以下一个定论，就是专讲生命科学的。

释迦牟尼为什么出家？就是想解决人类的生命问题。这个生命问题，其实也是全世界所有宗教所追求的共同目标。小而言之，解决人类自己生命的问题；扩大来讲，解决整个宇宙人类的生命问题。包括宇宙怎么起来的，这个世界怎么形成的等等。整个宇宙可以说也是由两部分组成，一个是物理世界，一个是精神世界。在哲学思想里头，当年柏拉图就提出二元论，精神世界与物理世界；拿人来讲，就是生理与精神。

所以你们现在要有这个基础的认识，要认识为什么要去打坐，为什么修持求证这个。所以首先就要了解这两部分，一部分是生理问题，一部分是精神问题。

从一九九七年到现在，你们所追寻的、所感受到的，也是这两方面的问题。这次你来，要重新作个检讨，要清楚地认识这个重点。

我们这个身体活着，拿现在唯物观点，以及世界上的知识，配合医学、生理学来说，这个身体是完全唯物的。身体大概有几个系统：骨骼系统、肌肉系统，骨骼上面加肌肉，等于我们盖一栋房子，钢筋外面加水泥；然后是神经系统、消化系统、呼吸系统、内分泌（荷尔蒙）系统、生殖系统。再分析呢，有很多的细胞、血液，等等。我们不作详细分析了，不然越分越细，越分越多。

两千多年前，释迦牟尼佛分析人这个身体，认为是由三

十六种东西组成，跟我们讲的不同。有什么不同呢？他等于是把一个人大体地解剖了讲，有三十六样东西，不是详细的。我们刚才讲的，不是把人体分开了讲，而是抟起来这样一个系统。其实是同一个道理。

过去，佛把物理、生理归纳为五大部分，以前给你讲过的，有地、水、火、风、空五大类。你回想一下，还记得吗？

圣吉：都还记得。

南师：现在我们偏重讲五大中的风大，就是气的问题了。你打坐，搞呼吸，都经验过了。我现在提一个问题，请你们答复，为什么修行打坐，叫你们专注在呼吸，才会自然达到止息？为什么要这样修呢？

圣吉：把思想停止。

南师：你所理解的就是这样吗？

圣吉：停止了身体活动，所以就停止了思想活动。

南师：这样的认识是不够的。释迦牟尼佛为什么叫我们由这个方法开始修？

Hanig：我想到呼吸的四种形式，风、喘、气、息。一步一步的，慢慢由喘—风—气—息，就可以到达认识生命的真谛。

南师：这个理解也是不够的，这是讲生命里头风大的现象和过程。因为我们呼吸就是这样。你这个呼吸的过程讲得也不对，也许是翻译的过程误解了，现在给你补充纠正。

先讲风，风是基本的原则。风，在中国讲，就是气流的气，在人体内变成了呼吸。人的呼吸是第一位的，所以风是

第一位的。我们粗的呼吸叫做喘，喘气；比粗的呼吸缓慢的，叫做呼吸的气；比呼吸的气缓慢的，自己也听不见，感觉不到，好像鼻子也不呼吸了，那个叫做息；都属于风大的范围。风、喘、气、息，次序是这样的，搞清楚了吧！

这种讲法，只是把现有生命的风大与气，以及息的关系加以解释。真正的佛法，关于风、喘、气、息，只是对现有生命来讲的。这几部分非常重要哦！这是关系我们生命的存在。如果气息不对了，就与衰老、病、死亡关联，生命的存在就是这个样子，所以，修行叫你们先注意这个。这个都没有问题了吧？（圣吉：是的。）

我刚才强调了三次，这是对现有生命讲的。那么在佛学里头，这方面有个名称，叫做"长养气"，现有生命的气，是这个情况，这还不是生命本有的气。你这次来，我们先从这里讨论。

一个胎儿，在娘胎里没有牙齿，鼻子没有呼吸，只有脐带跟母亲的身体连着，这个大家都知道。现在医学研究，母亲把饮食经过消化吸收后，变成另外一种营养，通过脐带送到胎儿身体里来。那种营养，长成胎儿的细胞、肌肉、骨头，成为整个的身体，这其中的变化一时也讲不完。《入胎经》还没有英文翻译本，请你们用英文给他讲一下这个七天一变的过程。（彭嘉恒用英文简略讲解胎儿在母亲子宫中的变化。）

胎儿成长，七天一个明显变化，经过三十八个七天，婴儿出生。每个七天，生出身体哪一部分，长哪一部分神经，很详细的。这个胎儿的成长是个大的科学，要配合现代的医

学、脑科学讲，一时讲不完，下次来再给你们讲。他们这样的翻译还不够，必须懂得现代医学、解剖学的人翻译给你们听才行。下次，你最好把好的医生约来，我们两边合作，把这个讲清楚。

胎儿通过母亲的脐带得到营养，但是生命的成长，主要是"气"。"气"对胎儿来讲不是呼吸哦！释迦牟尼当年在印度用梵文讲的，但是后来印度没有保存，都在中国译的佛经里。这个"气"，刚才我们讲的呼吸的气，叫做"长养气"。但胎儿这个"气"，就不叫"长养气"，而叫"报气"，也叫"报身气"，是果报来的。中国道家把这个叫做"元气"，这个就不是呼吸的气了；胎儿在母胎中还没有呼吸。

经过三十八个七天，最后一个气，使胎儿倒转，就出胎了。医生剪断了脐带，挖出了嘴里的血块，外面的气从婴儿的鼻子进去了，婴儿"哇"的一声，呼出了生命的报气，鼻子吸进了气，就是"长养气"呼吸开始。这个长养气进来、出去，进来、出去，没有停止；一直到最后一口气进来不出去了，或者一口气出去不再进来了，呼吸一停止，人就死亡了。所以我们讲这个气，风、喘、气、息，是存在于现有生命活着的这个阶段。

从婴儿脐带一剪断开始，这个长养气随时随地在用了，叫呼吸。吸进氧气，到身体内变二氧化碳，身体不需要二氧化碳，必须要排出来，所以要呼出去，一呼一吸，永远在那里这样呼吸。

现在你打坐修道，呼吸即使到最细，完全止息了，仍然是在长养气中搞，还没有认得胎儿时那个生命本身的元气。

所以要先了解风、喘、气、息，乃至不呼不吸，完全到止息，几乎恢复到胎儿时的那个情况，你才认识到真正生命需要的那个原来的元气。

要认识了生命里那个本元之气，才开始叫做真正修禅定、做工夫，才能控制这个生命，才能转变生命。

这样就产生了印度的瑜珈，被密宗吸收了，变成密宗这些法门，变成修禅定的一些方法。瑜珈、密宗、禅定，这些都吸收了这个元气的道理，才讲气脉问题，就是气跟脉的关系。脉是身体上生理的变化。

这几年你们打坐，都很有进步，很有修养。但仍在长养气中后天的一呼一吸上面做工夫。虽然已经有一点效果了，还不是究竟。气必须达到止息以后，身体由病痛、障碍，才能恢复到绝对的健康。等于恢复到婴儿刚出娘胎时那样柔软，那样健康了，这时开始修禅定，才能进一步认识生命。

在认识生命以后，才进入到后面还有的那个能量，那个能量姑且叫气，在佛学里叫做"种子气"，相似于现在量子物理学所讲的那个最后最后的东西，要到这一步很难了。

今天先告诉你们这一步，要重新有一个认识，希望你多用一点功，把你的身体精神快一点变化好。

圣吉：谢谢老师！

南师：佛说，人全身的气脉大概有十万八千条。比如一块牛排，一条一条肌束纤维，就是一条脉。所以，人的身上究竟有多少条脉，你就有个概念了。

种子气的气是空的，通量子物理学。种子气是心物一元的，是念力，也是心力。

圣吉：我觉得胎儿的成长，就像花的种子成长变化，宇宙的道理也一样。

南师：对。

圣吉：唯物论不能解释没有出生以前的东西，只能说明已生，或已死亡的东西。

南师：对。

圣吉：明年就又老一岁，所以我要用功。

南师：中国有两句诗："年年岁岁花相似，岁岁年年人不同。"今年的李某不是去年的李某，明年的李某不是今年的李某。这是客气地讲；不客气地讲，今年人还见面，明年那个人走了，换了新的人了。

第二讲

圣吉：昨天老师提醒我老化了，而我自己原来却没有感觉到，心中着急。我已经认识到修行是生命的中心，请老师指点我。

南师：你有修行的发心，把修行当第一，好！很多人都认为修行是第一，但因为生活没安排好，把修行摆到第五、第六位了。名望、事业、金钱、利害，乃至家庭、夫妻，这些都排在前面，反而把修行放到后面，普通人都如此。

我当年，年轻正飞黄腾达之时，为修行而摆下一切，这个是很难的。所以，学道如牛毛，但真的走这条路的很少。真走这条路，要调整生活。你到中国这样跑太辛苦了，我心疼你。这些活动演讲，虽很重要，但是，时间安排得太紧，太疲劳，对身体是有妨碍的。正如古人的话，这是细细消磨渐渐衰。

我的一生，从二十几岁起，在声望最好时，为修道都放掉了。几十年来，很多升官发财机会，一概不理。现在为了年轻人的修持，才有这个环境，这里十五楼如此，在庙港的建设也如此。不然，我个人一概不要这些，这个可作为你调整个人生活的参考。

外面找我的人非常多，一概不理。我的书，那么一大堆，大多是同学们的听课记录。为了这个修行，我没有时间

动笔写书。若放开的话，很多人来找，就没有时间修行了。真修行只管自己，你有缘找上我，其他外国人想找我的也很多，都拒绝了。下面给你讲一个生活安排的方法。

你著的书，在中国名气越来越大。名气大，要写的赶快静下来写，不然，今后很难坐下来写书了。以你的管理学，可配合认知科学，写薄薄的也可以，新的书出来了，你的名气和影响更大。比如说，美国的亨廷顿，他对于世界趋势的论断，是有问题的。美国不了解东方，东方包括中国与印度，他也不了解少数民族。你把这个写写，介绍介绍东方文化，也是对美国的贡献，使美国领导人头脑清楚一点，如此对世界也有贡献。中文的书，可找人合作翻译，彭嘉恒也可帮忙找这样的人，把东方文化介绍给美国。修行，可来这里个把星期，再回去，这样做可减轻劳累。这个供你参考。

圣吉：感激老师。我这辈子钱也够用了，请问，时间用在何处最好？

南师：修行。

圣吉：我的工作有三个内容：团体共事、写书、巡回演讲。我感到做这些事，也是为贡献世界。比如我到中东，与石油大老板谈世界形势，谈人类未来，谈如何改进他们自己，我认为这也是修行。但是，如此一来，用于工作的时间多，用于打坐修行的时间少，就没有时间打好个人修行的基础。

打坐修行方面，早上打坐四十五到六十分钟，晚上三十分钟，作白骨观，也观舍利子，也用观音法门，也用观心法门。打坐时，呼吸能很快轻下来。以前身体有痛，现在不大

痛了。下座，大都是自己要下来，而不是为身体所逼，身体较轻灵了。特别是白骨观，有些心得。数次作白骨观，把头拿了下来，风可以吹过骨架，有一次把骨架吹成灰尘，这个境界持续了四分钟。以前每日四次大便，现在每日三次，体重减了三四公斤。

南师：这个就是昨天讲的，身体四大与风的关系。修白骨观，配合安般，最后白骨化空，你的经验是对的。不过，你白骨化空只到达一次。无论是修白骨观，或是安般法门，达到止息以后，身体的变化次序是：一、没有痛苦；二、舒服；三、身体没有了；四、自身发光明。空明之中，越定久越好。把修行放到第一，慢慢做到这样，到达了，再谈第二步。

圣吉：回美国以后，我的时间安排拟作如下调整：上座能坐多久就坐多久；一天之中，尽量能达到打坐二到三个小时，旅行时间少一点；一年当中，要到中国在老师身边住几个星期修持；工作方面，保留与外界的碰面、交流，减少演讲。

南师：刚才你讲的，工夫与生活方式的安排，这个是对的。尤其在中国方面，在我没有死以前，你今后可以调整安排。假使我明天死了，后天死了，那是另外一回事了。我没有死以前，在上海，在庙港，你可以在这里集中时间学习。你在中国到任何一个地方讲课，讲完就到这里来。再出去讲，再回来；东南西北你都可以去讲，然后回来，等于在中国有个据点了。你讲课回来，到这里找个清静的地方进去修习，这样你就不辛苦了。此其一。

第二点，刚才工夫方面还没讲完，工夫方面不管安那般那，还是白骨观，达到止息后，进一步到达没有身体感受，把身体转化了。这个里头提到气脉，下一次来再详细讲。安那般那和白骨观最后一个目的，要认识到空，身体感受没有了，知觉仍然存在的。可是知觉很清净，没有妄想了，整个是空灵境界。所谓空灵不是思想观念，是身体没有障碍了，没有苦，只有乐，后来舒服也没有，最后化成空。这个空的境界，是有光明的，在这个里头定久了，身体就会起变化。这一步很重要，以后等你到这一步再谈了。

圣吉：谢谢老师！

第三讲

（近两个多月以来，南师为出家人讲《达摩多罗禅经》。今天先由古道师读他的心得报告，是他对《修行观十二因缘分第十七》一段经文的体会。）

南师：刚才古道讲自己读这一段经的心得，讲得很好，可以做法师，但不彻底。这里有几个要点。我们搞的是修证法门，不是讲理论，不是讲佛学，也不是在课堂上对大众讲的。你这番理论都很对，但实际修证还要进一步深入。

上面讲十二因缘，到这一段，为什么再提出白骨观、不净观的重点？你们要注意这个原因。

白骨观、不净观，书上叫你一步一步、一点一点地观。《禅秘要法》里有三十多种观法，这是对钝根的修行来讲的。利根的修行，所谓观，就不做一步步的观想了，一个观念就明白了（参考《禅观正脉研究》）。

佛讲的白骨观、不净观，是两三千年前讲的。那个时候，人类关于身体解剖的医学，中国有，印度也有，埃及、希腊是否有还不知道，现在我手边资料不够。释迦牟尼佛把人的生理解剖分析得很清楚，你不能以现在的医学、生理学角度，说他讲的不符合现在医学、生理学，要倒回去两千多年前，来看待他关于生理的分析，他分析得非常科学的。

佛当时以这样一个科学的方法，教弟子们观察这个身

体。利根者，一观察，就知道原来人的身体、生命就是这样一个组合体。对于这个身体，不足以有任何留恋，所以马上就可以放下，当下就解脱了身见、我见。

当时佛的许多弟子们中，有人仍然不懂，所以佛叫他们亲自到尸陀林，就是中国古代叫的乱葬岗，到死尸堆里去观察，去研究。不净观、白骨观是这样来的。

在讲十二因缘这一段里，又提出来白骨观、不净观，就是叫你用不净观、白骨观配合十二因缘，不是只做观想了，是通过白骨观和不净观，来追求生死的来源，了解生命的根源是与十二因缘有关的。

修白骨观，使你进入一个定境观察，了解现有生命的现象。白骨的构成，是由精虫和卵子结合，加上中有身，三缘和合，入了胎，成为我们的身体，才有这个生命现象。由十二因缘追溯没有入胎以前，这个中阴意识，是一念无明而起；这样再追究到一念无明。

无明代表了黑暗，代表无知，代表不可知、不能知，代表现在无法了解，始终搞不清楚的。换句话说，就是一塌糊涂，莫名其妙。一切宗教追究的也是最初这一念无明是怎么起来的。西方哲学叫第一因，生死的第一因及世界生起的第一因是什么？佛几千年前就告诉你这个第一因是无明。所谓佛者，就是觉悟了，觉悟的圣贤都知道，无明是第一因的开始，佛已知道了，但是没办法用言语给你讲清楚，只好把第一因叫无明。无明是生死的根本，也就是宇宙缘起的根本。这个物理世界，是先有"鸡"还是先有"蛋"？先有男的，还是先有女的？也就是说，这个物理世界地水火风，哪个先

开始的。等于我们物理追求最初的宇宙开始，研究到以太、夸克、量子，都是不断在追这个第一因。到现在为止，自然科学还没有追到，还在努力。

第二，这个第一因里又有四个因：辗转因、邻近因、周普因、不共因。不共因是单独的，比如同样是死，每个人的死法不同，这就是不共因。在大乘唯识学里，讲到了十个因。其实四个因也好，十个因也好，都是逻辑上建立的，是在你没有见道以前，用逻辑分析给你听的。如果你了解了一念无明就是因，就行了。

所以叫你因中观果。比如世界上人问，宇宙万物谁造的？假使我们引用一般宗教的说法，管它是上帝造的也好，鼻涕造的也好，狗屎造的也好，这个是第一因。第一因从哪里来？宗教家说不能问，认为这个主宰就是第一因。这是宗教。

佛法不是宗教，佛法是个科学。那个主宰的上帝的妈妈又是谁？妈妈的妈妈又是谁？宗教不能追问；可是佛法要追问。所以讲到无明，他这里讲要因中观果，果中求因。这是个逻辑的追问，也是科学的求证。所以下一段告诉你："修行观果，果从生因，生从有因"，第一念从无明来。无明如何来？是过去生业力集来的，也就是唯识讲的，种子生现行，从过去的种子来，从"有"来。一切"有"从哪里来？"有从取因"，从众生心里的"取"来，是自己造成构成的。为什么人有个思想要占有？什么都属于我的，同我都有关系，都抓来，生因、有因、取因，都从"行因"来，动念来的。"行"者动也，"行"从哪里来？从"无明"来。所以行

是果，也是因，因果同时。

比如讲《易经》，有人学了《易经》，要算命卜卦，我说不要算了，还算个什么。孔子在《易经》里告诉我们一句话，"动辄得咎"，一动就有毛病。孔子告诉你，研究《易经》关于人与事只有四个字："吉、凶、悔、吝"。吉、凶就是好的、坏的。悔、吝是半好半坏，也属于好坏之列。所以有人做生意，说老师给我算一卦。我说算个什么卦！反正做生意不赚就赔，你说可能不赚也不赔，可是你的时间被拖进去了，已经赊本了嘛。所以说是动辄得咎；行因来的，一念动就来了。从因推果，十二因缘的每一个内涵，都要仔细观察。

普通人，不要追求无明的因，因为智慧不够，如萤火之光，越搞越糊涂，不仅不能追求到无明的因，反而容易产生断见或常见。庄子说："吾生也有涯，而知也无涯，以有涯随无涯，殆已。"这是同样的道理。所以佛说，轮回以无明为本。换句话说，无明最难懂，其余十一支易懂。普通人，都是无明在做主。

"一切有支轮，无明最自在，自在力所转"，十二因缘里，无明最难懂，它独立为主的，做了你的主。比如说，明日早晨起来，第一个思想是什么，你知道吗？不知道，这就是无明。无明一来，你就跟着转了。伊斯兰教里有一个故事，是套用佛经的故事。伊斯兰教的阿訇，佛教叫法师。一个阿訇在山里修道，碰到国王打猎。有鹿带箭逃走了，躲到了阿訇背后，阿訇穿大袍子，把鹿藏在袍子下面。国王追到这里，问阿訇有没有看到带箭的鹿？阿訇不理。国王发怒了

说，再不讲就杀了你。阿訇开口了：你为何如此威风？国王说：我是你的国王。阿訇说：你是我奴隶的奴隶，欲望指挥了你，而我没有欲望，欲望成了我的奴隶，所以你是我奴隶的奴隶。国王听了就笑了：没有错，没有错。

"无明最自在，自在力所转故"，就是无明做了你的主，无明自在了，你不自在，你做不了他的主，我们成为一念无明的奴隶。无明的原因你找不到，无缘无故来的，它是无作之作来的。比如，你好好坐着，忽然来了一个念头，你就跟着乱跑，你找不到原因。你真懂了无明，就会真的明白十二因缘了。

所以我说古道这篇报告很好，但是没有深入。这就是带领你们读书，读书要另具一只慧眼。为什么修白骨观、不净观，还要研究十二因缘？是了生死用的。由果报上了解原因，这样才会了解生死的因果怎样来的。

现在一般学佛修道的人都犯了个错误，对阿罗汉，对佛，对得道人，怎么怎么……拿一点佛学知识就来论断别人了，这个人不行，那个人也不行，自己什么都不是，忘记了自己算老几啊！都在倒果为因了。

第三，修不净观、白骨观，是为了了生死，由果了因。

有问：老师，这是不是说，我们根本看不到无明，因为没有这个智慧，所以根本是白谈。如果知道无明，已经大彻大悟了。所以从不净观、白骨观好好修，由此逐步明白。

南师：对。（古道师继续报告读经心得）十二因缘，刚才主要研究"生"支到"有"支，现在研究"老死"这部分。

死亡有四种：渐渐死、顿死、行尽死、刹那死。渐渐死是整体来讲，这个身体慢慢老化，以至于死。庄子讲，方生方死，方死方生。当你生出第一天，已经开始死亡，第二天已经不是第一天的你了，二十岁的你不是十九岁的你了。所以庄子讲，"不亡以待尽"，一边活着，一边等死，这是他的生死观念。"顿死"是突然死了，比如心脏病发了，或脑溢血，这个人立即死掉。你们相信医生关于死亡原因的论断吗？人死了，医生检查这个身体的机能停的部位，如停在心脏，就说心脏病致死，从结果来论断病因是靠不住的，可是现在人相信。至于为什么会发生心脏病或脑溢血的前因，医生搞不清楚。

"行尽死"，行因在这里就是寿命，寿命是动力，行者动也，动力完了，寿命也就完了，就像电源用完了，就停电一样。"刹那死"，刹那是很快，一弹指六十个刹那。刹那之间，我们身内的细胞、思想的念头，都在死亡。死亡这个现象，代表了生命的无常。什么是无常？是讲一切都在变化，无常是讲原则，变化是讲现象。佛家说无常，中国《易经》叫变易，变化。

无常有三种：刹那无常、分段无常、种类无常。"刹那无常"是随时在变。如这个盘中的西瓜，看起来没有改变，其实中间在变。"分段无常"，比如上午、中午、下午，夜里、白天，十岁、二十岁、三十岁，一段一段都不同。"种类无常"，各种变化不同，比如泡个茶、抽支烟，飘出来的也不是水，也不是火，像雾像烟一样，不同类的变化。又比如恐龙消失了，恐龙这一类动物灭绝了，种类不同也都在变

化。如果认为今天的成就是大成就，那也是错误的，因为这个成就也会变去的，这就是无常的道理。

了解了死魔、烦恼魔，所以要跳出死魔、烦恼魔，跳出无常，就不怕生死了。最大的魔就是死亡，死魔还不可怕，最可怕的是自己的无明。烦恼是无明来的，烦恼是果，无明是因。所以要明心见性，打破无明。无明破了以后，大智慧出现了，光明自在了。无明破了，明相现前，等于电灯开关一打开，一切黑暗没有了。得道以后，智慧的光明呈现，昼夜长明，永远清明，乃至跳出了生死，没有无明乃至老死了，成就一切妙净相，所以叫净土。

打破了无明，到了这个真明了以后，身心立刻转变了，身体变成婴儿一样柔软光泽，身体每一个细胞都起变化了。所以密宗讲"虹光之身"，变成光明身体，犹如明镜一样。这个时候，一念清净，身体变了，你定中对整个身体内外，五脏六腑等等，都看得清清楚楚。这样修持的成就，叫做"于界得度"，跳出三界外，不在五行中了；也就是跳出这个界限，没有限制了。

人类智慧有五种痴：界、入、阴、卑贱、垢污。"界"是地、水、火、风、空、识六界，都有限度，物理世界、精神世界都有个界限，逻辑观念也有界限，你跳不出这个界限。"入"，色、声、香、味、触、法六入，是外界的影响刺激进来。"阴"，色、受、想、行、识等五阴，像黑暗一样把我们的智慧盖住了，使我们不得明净智慧，对身心的细微变化运行看不清楚。"卑贱"，自己无能，不高贵。"垢污"是很脏。

这五种痴怎么来的？因为没有智慧。所以修行，或者是观六界得度，或观三界跳出；或者观五阴、观六入，修白骨观、不净观，或者修安那般那。观是能增功德，通过各种观法得度。或者有些统统不修，观第一义，当下就是，像禅宗一样，就明白了。这些都是对治五种痴的法门。

这是讲十二因缘，这样搞清楚了吧？明天再看你的报告。今天因为你进步了，所以给你讲清楚一点。你们只要肯努力，就有进步。好了，你们讨论讨论。

有问：有人烦恼受不了，就跳楼，以为一了百了。

南师：因烦恼而跳楼，以为死了就没有了，是断见。庄子说的故事，晋国有一个女子，被皇帝看中了，哭啊！担心进宫回不了家。结果进宫做了妃子以后，享受那么好，着实后悔当初那一哭。怕死也是一样，自杀也是这个道理。

Zhang：老师，得定需要加行条件，我们这些忙于世事的人，好像现在条件还没有具备。

南师：不是打坐就叫定，得定没有条件，是唯心（心物一元之心）的。而且定有很多种，不要认为打坐就是定，当然依方法修行是有帮助的。

Zhang：在世间做大功德的人，是否也可以不打坐而进入定境？

南师：很难，也可以说不可能；那只是功德的成果，不算是定境。

僧问：达摩对梁武帝做功德的评价，说他没有功德。

南师：有功德！那只是人天之果，有漏之因，并非究竟，大功德是阿耨多罗三藐三菩提。达摩祖师是引导他向大

乘路上走，那是个方法。换句话说，你身为帝王，要求就求大乘成佛之果啊！你做的这些都对，但只是人天小果，有漏之因，并非究竟。梁武帝问，功德究竟是什么啊？达摩没有讲。梁武帝又问，那什么是圣人啊？答复是"廓然无圣"，连圣人都没有啊！梁武帝又问，那你不是圣人吗？达摩说不是的。那究竟最高境界是什么？达摩不给他讲。

换句话说，你梁武帝，把天下治理好，天下太平，不就是大功德吗？你搞这个，又吃素，又讲经，还三次出家跑到庙子里，叫大臣们花钱赎出，借机给庙里布施，你不把国家治理好，这是搞什么呢？不把国家亡掉那才怪了。达摩讲他是人天小果，已经很客气了。

有问：梁武帝是不是想以皇帝之尊，在国家提倡佛法呢？

南师：其实梁武帝也没有这个思想，他有这个思想又不同了，也不一定说一定会好。这是他晚年糊涂了，搞的是狭义的宗教信仰。一个大政治家，绝不搞狭义的宗教信仰。

《达摩多罗禅经》的译者是印度人，到中国来，先学中文，再把这个经翻译过来，所以我们很感激他。他死在中国，葬在庐山。

圣吉：当时的印度大师为何到中国传法？

南师：他们看到印度已经不行了，唯有震旦有大乘气象。中国当时叫震旦。

圣吉：应该在美国，乃至全世界，推广宣扬中国文化。

南师：对许多印度的瑜珈大师，我劝他们学中文，学好了中文，搬回自己的文化和历史。在中国宋朝初年时代，伊

斯兰教进入印度，印度文化就统统断了。西方研究印度的学者，都不承认中国这一套。南传佛法，东南亚一带，是边缘的一套佛法。玄奘法师留学印度，最后一次把印度精华的文化带回来。约一百年后，印度这些文化全没有了。现在中国自己的文化也断层了，有问题。十年树木，百年树人，秦以后，到汉武帝才开始重建文化，已过了八十多年。

圣吉：印度人的故事，我的朋友亲身经历的，她是印度教的高级教师。她说，曾有人问她，你为何相信上帝？她说自己当时的感觉是很恐惧。

南师：如果我是这个女的，我就回答说，我相信上帝，就像你相信佛。信念对任何一个人，任何一个生命，都很重要。就像无明这个第一因一样，没有信念，人活不下去。吃东西时，也是认为吃下去会舒服，最后是肚子痛。

第四讲

圣吉：一九九七年跟老师听课以来，工作一直很忙，没有真的修行用功，大概九个月前开始好一点。一直希望能够达到止息，可是没有办法，呼吸只是可以做到比较细微一点。请问老师，有什么方法达到止息的境界？

南师：所谓安那般那的修法，是利用呼吸开始修。前天第一次给你讲，从婴儿出生脐带一剪断，开始后天呼吸。后天生命的存在是这个风大呼吸支持的，这个呼吸不是究竟的啊！在我们生命活着这个阶段，这个叫做长养息。所以，现在利用这个去修，第一要认清楚，问题还是在于念头，思想一动，呼吸就跟着来；念头绝对清净了，才达到止息。你只在呼吸上求止，又加了一个念头了，更不能达到止息了。所谓止息，关键是止心，不是呼吸的问题。

圣吉：一直也想多用时间来修行，比如一次修一周、两周。在美国也有很多中心，有不同的方法，也打坐修行。但是我一九九七年跟老师学习了以后，就不想跟这些中心学了。现在想找时间，在家里或另外找个地方，来认真修行。

南师：世界上修持的方法很多很多，差不多讲修持这方面，最多的方法在印度。两千多年前，秦始皇时代，印度已与中国沟通很多了。有一点先要认识：不管呼吸也好，观想也好，做各种工夫也好，道家也好，密宗也好，很多种方

法，都是意念去做的；也就是思想这个心去做的。

安那般那修法归纳到最初，就是用生理上的呼吸，配合这个心来修持。你说想专修，刚才你这一点好像没有听清楚。修安那般那，能够知道呼吸的也是心，能够用这个方法把呼吸自然停止了，到达某种境界，也是唯心（心物一元之心）的作用。所以要认识心，不要光在呼吸上求止息，这个观念先要搞清楚。这是第一点。

第二点，告诉你，呼吸这个问题，就是气了。我们很明显感到的是鼻子气的往来，其实不只是鼻子气往来。笼统讲，全身十万八千毛孔到处都在呼吸，可是一般人没有认识到呼吸，等于鱼在水里认不到水。鱼也在呼吸，那个水吸进来喷出去，鱼在水里面认不得水。人在空气里头呼吸，认不得空气、呼吸。比如你看大家都在忙，我们讲话动作都靠这个东西，可是看不见。没有高度智慧的人，看不见呼吸，只是听人家讲，理念觉得有个呼吸作用。有高度智慧的人，就会看清楚了呼吸。

我们普通人到什么时候才知道呼吸呢？在枕头上，想睡还没有睡着，听到自己呼吸了。在这个时候，越听到自己呼吸，越睡不着了，失眠的人听呼吸最清楚，平常听不清楚，毛孔的呼吸就更不用讲了。这是第二点。

第三点，如何止息？有很明显的例子，看东西，很注意时，呼吸很轻微了，会停止，因为注意力集中了。还有，很害怕时，或者碰到很高兴的事时，那一刹那，呼吸会停止。为什么停止？因为你思想专一了，这是止息的道理。

结论：一个人的精神思想专注某一点，呼吸自然和思想

结合在一起，这叫专一精神。一个科学家思考某个问题时，或者一个文学家写一篇文章时，在集中思考的时候，呼吸差不多都停止了。

懂了这个原理，那你修行时，把思想念头完全放空灵了，听其自然，而知道自己呼吸往来，这个就是修安那般那了。然后思想完全没有杂念，完全空灵了，这个呼吸慢慢充满，它自己自然停止了，这个叫做止息。

呼吸的道理很深，刚才讲的是粗的一面。你们有工作的人，一天在外面随时紧张，那个紧张的情绪，就是思维最深的这一念。随时紧张使身体内部细胞的呼吸都会停止，会形成病。我举一个例子给你听，这个例子很有趣，很实在。一个跟我学的年轻人，有先生，她也做工夫。她不想生孩子，先生怕她出家，想办法使她怀孕了，她很不愿意。怀孕后，她还在做工夫。到生产的时候，她不高兴，就做起工夫来，把念头专一了。念头专一呼吸就停止了，结果胎儿不动了，生不下来。医生觉得很奇怪，胎儿活的，怎么不动了。她自己知道了，笑一笑，把念头放开了，胎儿就生了下来。所以你们工作那么紧张，随时会使人生病、衰老，会破坏生命。一般人随时紧张，也常常呼吸停止，这是走到破坏生命这一面去了。

要想修道，就把念头空灵了，很自然地听呼吸，随时知道自己在呼吸。而且不加助力，不紧张，然后呼吸慢慢停止，与念头配合了，这个叫修道，叫做工夫了。

如果是这样做工夫修道，当然要专一来修。所谓专一，就是一切万缘放下，像出家人一样，专门在修。不过在家人

很难做到；但是也必须有一个阶段专修，再来入世做事。如果像你们普通在社会上做事，又想搞这个，必须经常要找短时间，一天、两天、三天，或者七天，随时在实验，慢慢短期的实验累积起来，这是初步的。平时各种欲念也要减少，否则很难思想空灵。

你了解了这些，想做呼吸想修定，注意哦！不要把观念困在呼吸上；如要注意呼吸，就注意出气（安那），而不要注意入气（般那）。一般练气功的人，犯了一个最大的错误，就是把吸气当作一个东西抓进来，想保留住。其实刚好相反，想修道，或者想对身心有帮助也好，那是要注意出气的，越放掉，越休息；这是最好的修行。所以呼吸法是达到休息定，完全放下配合的方法。例如人最痛苦烦恼时，或者很累时，唉……一声，这就很舒服，因为把呼吸放掉了。你看劳动的牛马，最疲惫时，唉，一声呼气，还是放掉，最舒服。所以呼吸法门要注意出气，放掉那一念，把心念同出气一起统统放掉，才最好，要体会这方面。不要以为把呼吸闭住了，停止了才对，那是完全错误的，会生病的，会变成精神的病，或者身体的病，那不行的，这些深入探讨起来就很多了。

你问一个问题，我给了你这么多答复（众笑）。你学过成本会计没有？你只出了一块钱，我给你很多很多（众笑）。对了，人要笑，一笑呼吸就出来了，很开心，整个松了。你们平常都很紧张，你看印度塑的那个佛像都笑的，很轻松。一般人都很紧张，我说那是讨债的面孔，一笑就放松了，就好了。

中国人有一句很好的修道经验的话："神仙无别法，只生欢喜不生愁。"修道想成神仙，没有另外一个法子，只要一切烦恼痛苦都丢掉放开，永远高兴，这样才会修成神仙。会不会成为神仙不管，至少可以冒充神仙，活得很快活（众笑）。对啊！这一笑就好了。

圣吉：现在的布什政府，布什总统还可以容忍，副总统切尼就没办法容忍，总是讨债的面孔！不知道怎么可以让他放松？

南师：那只有一笑。这个就要仔细研究，西方文化由十七世纪以来，从法国到欧洲产生民主自由思想以后，演变到今日美国，这个是思想及文化演变的必然结果。一个事情到了最后的时候，紧到极点时，才会解脱开。你不要紧张，这个没有办法，你讨厌也没有办法，它是个必然的趋势，这就是大势至菩萨的道理。

阿弥陀佛身边站着两位大菩萨：观世音菩萨，大势至菩萨。大势至代表一个很大的势力、趋势，势头来的时候，好像瀑布一样，你挡不住的。怎么办？观世音，观自在，站在旁边观察、观照，自己不跟着它跑，这也是修行的道理。等那个大势过了，新的局面会出现。

中国文化几千年，必定会产生共产主义、社会主义，这是一个必然的趋势。中国的现状也并不是结论哦！你们美国的，现在中国的，都是整个历史中一段一段的过程。像公共汽车开动，一站一站，都只是一站，慢慢变化吧。道家的道理，就是你看清楚未来的变化趋势，就先在下一站等，现在是拉不回来的，不能急。

告诉你一个重大的问题，你们现在做的工作，这是现在的东西方文化特点，都在讲经济发展。我都在笑。这个里头，从十六世纪以后，东西方文化有两个重大不同。中国文化思想认为，解决贫富差距，安定社会，要用好的文化政治来解决经济问题。西方文化，从亚当·斯密的《国富论》，一直到马克思的《资本论》，到凯恩斯的消费刺激生产，都是认为要用经济来解决政治、文化问题。这两个不是矛盾哦，是两个方法。

现在东西方文化的结合，造成今天全世界的人类（不止中国人），只向钱看。而且都在凯恩斯的思想之下，消费刺激生产。要消费刺激生产，你的管理学也有得讲了，就是说你的管理学很重要，也都在这个阶段。如果要消费刺激生产，最好是天天打仗，打仗是最大的消费。

所以现在人类看不清，没有一个新的思想能综合了这一切，领导这个世界。照这样发展下去，是很严重的。

美国文化，布什、切尼他们这么搞，他们背后就是这些问题。我二十年前在美国的时候，哈佛大学一位社会学教授来问我，我也讲过这个问题。所以人类现在是在迷糊之中。我常对人讲，现在全世界的人类文明思想是四个东西在转，所谓达尔文的进化论、弗洛伊德的性心理学、马克思的资本论、凯恩斯的消费刺激生产。除此之外，产生不出来一个新的思想。

当全世界都沉醉在这个里头的时候，清醒的人没有办法讲话。所以我也不讲，他们问我一概不讲，没有办法，形势就像那个水流一样，挽不回。又如龙卷风来的时候，你拿个

手来挡，那开玩笑，连自己的骨灰都被吹走了。要等龙卷风过了以后，慢慢来，只好如此。

所以你不要讨厌布什、切尼，他们是傀儡，背后是军火资本家。这个资本家的后面，还有东西扰乱这个世界。你慢慢去找，只能讲到这里，将来再说啦！

圣吉同事：美国沿海与内地人的观点不同，分歧越来越大，这次美国大选反映出来了。

南师：你是南方人还是北方人？

圣吉同事：我是美国西北人。

南师：布什等，这几任总统都是南方人，美国的文化在东北部，北方人很不愿意，所以美国现在还没有脱离南北战争的阶段。中国也一样，还是南北之争。我研究人类历史，到欧洲一看，法国、德国都一样，南部北部都有思想的争论。我在美国时，还看到一个很有趣的现象，距现在大概二十年了。有一次元旦，我们在白宫前面，看到得州的州旗在前面，美国国旗在第二位，笑死了。最后白宫派人来交涉半天，才换过来。布什这些人是南方人，牛仔思想，没有办法的。

二十年前，我到美国，开始三个月内，天天看房子，由六万块钱一栋到三百万一栋，看了多少房子。结果卡特政府时代的财政部长来看我，到我这里吃饭。我在美国一样，都是大家来我这里吃饭。我怕到别人那里吃饭，大家太客气，搞了几个钟头，喝咖啡，谈话，吃饭。这位昔日的财长问我对美国的观感，我说对不起，我才来三个月，只在看房子，没有看法。他说你不要客气，我们都知道你的，你讲嘛。

我说，告诉你三个要点：美国是最富有的国家，最贫穷的社会，也是世界上负债最大的国家。最富有的国家是表面的，我看的每座房子统统在分期付款，全美国真正富有的只有几十个人。你美国欠人家的钱，人家不敢要，因为你有原子弹。他听了哈哈大笑说，你看的完全对。到现在二十年了，美国还没有脱离这个范围。

所以你不要怪布什、切尼，他们站在美国的立场，不消费怎么刺激生产呢？消费最大的就是挑起战争，莫名其妙！然后美国人都叫好。

你们美国高中毕业的学生，连报纸都看不通的，这个文化低落到这个程度，然后用的人才都是外国来的。这个政策很好，人家培养的人才，印度的，中国的，全世界的，到你们美国付低的价钱用上来，你们是这样一个国家。所以彼得·圣吉你还生个什么气？哈哈！

圣吉：我要等下一站巴士。

南师：我等这个巴士等了八十七年啊，但是我还不肯上车。原来国民党、共产党，两党都是朋友，两党都想杀我，国民党怕我是共产党，共产党怕我是国民党，我都躲开。到现在这个公共汽车也没有开稳啊，而且不像车子。美国现在干什么？在飙车啊，拼命飙车。好了，不要谈了，谈了这些，饭都吃不下去了。

圣吉同事：一年前，我在美国闭关一月，每天打坐四次，每次两小时。其他时间读经、经行、念咒、观想，想念咒一百万遍，当时很紧张。听了老师的话，心想自己的注意力是否用得太厉害了？

南师：注意力太厉害了，观想就起不来；放松了，观想就起来了。而且第一步观想，不要观实际的，你就先观白度母也好，大日如来也好，先观那个画图的影像，留个印象，初步这样就可以了。你观得起来吗？

圣吉同事：观不起来。

南师：这样不对，你太用心了。你是哪里人？

圣吉同事：美国加利福尼亚州。

南师：我现在一提，你对家乡有没有印象啊？

圣吉同事：有。

南师：对了，这就是观想。所以你看了佛像那个图案，这个印象你一留心就观想起来了，越放松，越容易。你想把佛像观成人一样站在你前面，你太用心了，不行的。心越放开，他越清晰。你们一听观想，就拼命在那里用心，那不对了。你心里有你女朋友吧？你不想，也有那个影像，这就是观想。六世达赖有首情诗："若把此心移学道，即身成佛又何难。"他观想佛菩萨如你们观想情人一样，那个影像随时留在心里，就是这个道理，这是他的经验。你轻松些了吧？

圣吉同事：是的。

第五讲

南师：你们讲到寿命问题，我给你们讲讲中国民间的观念。民间观念认为，人的寿命是北极星和阎王那里管理的。做了一件坏事就扣一分，扣到勉勉强强只活个几十岁。如果太坏了，他那个电脑簿就送到北极星了，北极星就通知，这个人该死了。当然北极星也不马上通知，他转到地狱跟阎王两个对一对看。阎王那里有个司法部长，叫判官。他把资料一核对，嗯，这个人该死了。不过检察长说，不对，这个人还做了几件好事。判官说，那再给他两年吧。这是中国讲善恶生死的观念。

　　像那些出家修行的，阎王那里有另外一个电脑簿管着；他修行得不好，念经念错了一个字都记录下来的。如果成道了，阎王、上帝都管不着了；如果没有成道，还是经过阎王那里。不过释迦牟尼佛已经派了一个代表，在地狱那里等他们的，叫地藏王菩萨。

　　你们西方人晓得一句话："我不入地狱谁入地狱"，那也就是地藏王菩萨的愿力。像他们没有成道，到阎王那里，阎王一看，不好意思，送到地藏王菩萨那里。地藏王菩萨那里有一个动物，叫做独角兽。这个动物像狗一样，头上有个角，会刺人。你来了，不诚实回答问话，那个独角兽就跳过来刺你，你说老实话，它不动。中国唱戏的时候，法官戴的

帽子上就有这个兽，对它很恭敬的。所以他们出家修行的，哪里偷懒了，都要在哪里补过来。

你要是写一本英文的《中国人的宗教观》，我就给你讲清楚，那很有趣的。所以西方人不懂中国，美国人也不懂伊斯兰教，中东除了伊斯兰教外，还有些民间信仰，和伊斯兰教讲法完全不同。

所以中国所承认的上帝，是有差别的。佛教讲欲界、色界、无色界，我刚才讲的是欲界里的一点事，高一层的组织又是另一个上帝了。印度瑜珈信的上帝是大梵天，是一神教的。但在佛学里，大梵天还是色界里的下层，最高层的色界上帝叫大自在天。

中国的宗教思想同印度的一样，上帝做得不好，一样会堕落下来，不是永恒做上帝。另外一个有道德的、好的就上去当上帝了，是绝对民主的，这是东方宗教的道德观。现在介绍东西方文化的学者，没有研究这个的，很笨。实际这种思想，真正讲到了民主。民主与帝王独裁之间，背后有个原则的，什么原则？因果报应。善有善报，恶有恶报，你当上帝都逃不了这个原则。

照现在西方的天主教、基督教讲的上帝，那是绝对独裁的，好像他是制造因果给人家受的，他不受因果影响。这很有趣吧？

中国产生了一部《西游记》，里面有个孙悟空。孙悟空取经以前，已经把阎王那里猴子的生死簿勾掉了，阎王管不住他了。《西游记》有英文翻译的，你看过没有？

圣吉：没看过。

南师：孙悟空代表什么？代表意识思想。他上帝也不怕，阎王也不怕。他是东胜神洲一个海岛上石头里跳出来的，乱蹦乱跳。后来他去修道，他的师父是须菩提，佛的十大弟子之一，解空第一。须菩提很讨厌这个徒弟，因为他不守规矩，不过他很聪明。不守规矩的，一定聪明。所以我说，老实就是笨，聪明就是滑头；又聪明又老实的人，找不到的。

孙悟空很聪明，很调皮，很快学会了神通变化，但是没有得道。结果他玩弄神通，师父把他赶出去了，告诉他在外面不准说是他的徒弟，如果说是他的徒弟，就把孙悟空的神通收了。须菩提同我一样，不准任何人在外面说是我的学生。

孙悟空出来第一个就去找阎王，问阎王生死簿上有没有自己的名字。阎王说有，结果他拿来都勾掉了，把那个电脑用病毒搞坏了，了了生死了，阎王也拿他没有办法。

后来他跳到海底找龙王借兵器，龙王打开武器库，他都看不上，龙王只好陪他到海底最深的地方去看。他看到那个定海神针，又软又硬，可大可小。那个海底在哪里？在人的身体里。这个世界，七分是海洋，三分是陆地，也等于人的身体，七分是水，三分是骨肉。

结果孙悟空把定海神针拿来，放在耳朵里，就是这根金箍棒，可以上闹天宫，下闹地狱。这个东西每个男人都有，就是男人那个东西，可以大闹天宫；中医里有"耳通气海"的道理。

孙悟空就是思想意识，配合这条棒，打乱人间。要把孙

悟空（意识）收服了，修道变成佛，就很难了。所以他的法名叫悟空，明白思想念头生灭无常，本来抓不住的，像水中捞月，所以他不再执著了。猪八戒代表欲望，贪吃贪色，能转过来就是修道的能量了，所以叫"悟能"。沙和尚挑行李，代表带着业障重担跟着走；他叫"悟净"，修行就是净化业障。白龙马代表气，驮着唐僧一路取经，唐僧代表本性，所以是师父，取经代表修行修道。

这部小说写的，就是东方文化印度和中国的宗教思想的系统，天人合一的东西。孙悟空保护了唐僧取经，路上经过了九九八十一难，然后成功了。每种磨难，代表了社会人生的一种现象。孙悟空对几个妖怪没有办法，有个妖怪住在无底洞，代表了人的食道、消化道、排泄系统，也代表了我们的欲望，永远填不满。

西方人翻译了《西游记》，只认为是中国的神话故事，不晓得蕴含了印度、中国天人合一的宗教理念，里面还藏有深刻的道理。

圣吉：西方宗教有原罪的说法。

南师：不该叫做原罪，给他们讲坏了，不是罪过，是生命的一股力量，在佛学这个叫做业力。譬如男女饮食，要吃东西，或者性冲动，这个原动力没有罪，不是好，也不是坏，是本能的活动。因为饮食、性冲动的关系，构成行为以后，妨碍了自己，妨碍了别人，就变成罪恶了。

圣吉：二十年前，有一些美国人在非洲中部乌干达等地工作，帮助当地发展。他们发现当地的黑人笑得非常灿烂，比南非人和欧美人都有很大不同。他们后来得出结论说，就

是因为这些人没有见过约翰·凯伦，才笑得那么灿烂。约翰·凯伦是宣传原罪的人，当我们知道我们是因为原罪生出来的，就笑不出来了。

南师：对啊，对啊。

第 三 章

时间：二〇〇五年十一月十二日至十四日

十二日晚 漫谈

南师：请坐，请坐。彼得·圣吉现在喉咙不好不要讲话啦！你坐着休息一下。等一下请你们喝中国的茶，日本人叫做"茶道"。我这个茶，一杯大概美金两块钱，这不是开玩笑是真的。你看中国人喝茶，原来是这样喝的。

你（圣吉）现在就吃下去那一包药，等一下半个钟头就舒服了。另一包药不要咽下去，放在嘴里含着，喉咙就舒服了。

李女士，你是发展研究中心的啊！另外这位外国女士（Amber）是黎巴嫩人，是彼得·圣吉的朋友，搞发展中国家儿童网络教育的。好啊！最好提倡儿童背书，恢复十九世纪以前东西方教育方式，那时都是提倡背诵的。美国的研究资料出来了，背书，看中国字，对老年的帕金森病有帮助，而且增强脑的记忆，所以还是要恢复这个。

你注意什么是茶道，衡山他泡给你看，每个程序都有一个道理的。到了日本，就故意摆一个台子，还要穿上那个衣服，要慢慢喝，日本学起来就是那样，茶道变得很神奇了。

喝到中国这个茶大红袍，那是喝到顶尖了。喝了这个武夷山的岩茶，其他的茶都不想喝，都没有味道了。你（彭）告诉圣吉自己体会，他不是喉咙不舒服吗！喝了三杯以后，他喉咙就松了，会微微地出汗。

你（圣吉）看了庙港怎么样？放那个航拍的录像给你看，（看庙港航拍录影）总共是三百亩地，照我的意思设计的哦！将来旁边还要盖各种各样的研究室。你今天去，还没有走过回廊，里头有十六种内容，那个连起三幢房子的回廊，是准备下雪风雨的天气，下了课大家可以在这里跑步行香，练武功，打拳的，所以这里钱花得很多。这个是用做企业的精神在做；不惜工本，不管花多少钱，都在这样做。

李女士：我可不可以请教南老师一个问题。

南师：哎哟！什么问题啊？不敢。

李女士：我做企业家成长调查研究，做了十几年。在这过程中，我发现大多数成功的企业家，虽然取得了事业的成功，但并不感到幸福。

南师：没有错啊。

李女士：这样，我们就想帮助企业家提高他们的人文素质，帮助他们把个人和企业组织变得有生命力，有活力。很想听听您的意见，有什么办法帮助他们。

南师：我的意见是没有用的，不要听我的。那是帮助不了的。我这是讲直话啊！我的意见跟你的相反。

现在中国的某些企业家是病态的企业家，我们简单地讲，"文化大革命"以后，由一穷二白，突然开放了，什么经验都没有，也不知道经济；大家做倒爷，投机取巧，一下变成企业家。二十多年来，没有真正的企业家，这是一个时代造成的，心里都没有准备，知识经验也没有。你说每个企业家发了很大的财，我看都没有真正发财，都在玩空的。所以这个原因造成精神的痛苦，心里是空虚的。换句话说，基

本的教育没有做好；关于企业经济发展的教育知识，更没有，都是突然来的。这不是管理的问题，不是从管理方面就能够改正好的。必须从基本教育开始。可是你们的工作尽管做，都有用的。简单明了就是这样的意见。

李女士：今天上午彼得·圣吉在浙江大学演讲时，他说现在社会上的人，很多都是经济动物、经济人，下面还有学生反对。

南师：因为他讲的，学生听不懂，我跟你也是讲，因为你懂，一般年轻人搞不清的。不过我同年纪大的人也会讲的，因为大家会了解。

所以我讲现在没有企业家，都在乱搞，而且，你们现在是随便叫"企业"，中文什么叫"企业"，大家已经不懂了。企业这个定义，以中文来讲，做一件事业，做一个工作，前途有无限的希望，对社会是有贡献的，而且是永久的，不是做了几十年就没有了，是一代一代相传，那个才叫企业。现在没有这个企业的观念，只要开个公司，做个生意，怎么去赚钱，就叫做企业，根本就是错误。所以没有真正的企业家。

在抗战以前，也就是在第二次世界大战以前，中国还有些企业家，他做一件事情，做个生意，希望是永恒的下去，那个是企业。现在企业是短命，只求发财，不是办企业的精神。现在企业就是"短、平、快"，很快地赚钱回来，加倍，这个就不是企业了。

现在，我认为整个的中国，我不敢说是全世界，像东南亚、韩国，乃至马来西亚、印尼、新加坡、朝鲜，没有真正

的企业家，都是要短平快，快赚钱，怎么翻本；这个不是企业家，这是投机取巧。

投机取巧是正统的话，至于刚才说的"倒爷"，也不是投机取巧。倒爷这个名词，是偶然叫出来的；是"文化大革命"以后，将开放未开放那个阶段，有些胆子大的，还不知道开不开放，背个包包到处卖东西。民国时候叫做"跑单帮"、"独行商"，古文叫"行商"，走动着做生意，现在把他叫做"倒爷"，投机倒把的意思。其实这个很冤枉，他也不是投机倒把，是为了生活赚两个钱嘛！

中国文化什么叫商？走动的叫行商。坐下来开店，办工厂的叫"坐贾"，"贾"这个字念"股"；合起来就是"行商坐贾"。

中国以前做企业的，是三批资本。譬如办个工厂是十亿，我准备三十亿，这个工厂办起来以后，准备永远做下去。也许做个五十年，一百年两百年，不一定，这是十亿资本了。还有十亿放在里头，工厂的货品出去了，不是马上收回的，要贴周转金，所以也要十亿，还有十亿是准备金，万一中间有起落，有失败有什么，还有个备用，这个才是做企业。

现在人做企业的，有个一万块钱，他说有一百万，然后，向朋友借钱，最后是骗银行的钱，借来不还，滚下去，滚得越大越好。现在报纸上说企业，那个人有多少多少资产，我都不信，那是随便画数字的。最后倒了银行，倒了社会，害了别人，这不是企业家。所以，中国现在有个"企业家协会"，我听了就哈哈大笑，根本没有企业家，哪里有什

么企业家协会！

譬如这里有两位都是我的好朋友，都是做企业，都是有钱的人。但是，像我做庙港的事，一毛钱都不会靠朋友，也不靠银行，也不靠社会，自己有多少就做下去，准备后面还要补充下去，不欠一个钱，也不借一个钱。假使折本，是我自己的事；假使赚钱，那是后面的事，不算数。企业是这么一个东西，所以企业的定义就是这样。

现代的人企业都谈管理，最重要的是老板本身思想、人品、行为，先要管理起来。一个老板就是领袖，领袖要有领袖的修养，还有他的企业观念等，包括很多很多，现在没有一个称得上是领袖的。这几个都是老板，跟我是好朋友，但是还够不上称为一个老板的。

而且，现在的老板多半是没有自我管理，所以我也看不起，也看不起现在的硕士博士，我说你们读博士干什么？读出来给那个"不是"的用，那个什么都不是的人，老子有钱，可以请一千个博士。

李女士：今天的许多老板都没有什么可敬畏的，我看这几位老板都很敬畏您，喜欢被您管着。

南师：今天社会没有什么敬畏的，他们也没有被我管，我们是朋友，因为我没有做企业嘛！假使我做企业，我管他们，就不会对他们这样了。

假使我做企业，也许生活过得也是这样，我绝对跟他们是一家人一样。但是，事情来了就不是这个态度，我会非常认真，你一点做不到都不行。譬如他们年轻同学跟在我旁边，刚才泡茶的这一位，还有马处长都是官哦，他辞官不做

来帮我的，他们一点做不好，我当场就是"这不行，不能这样"，那很严格的啊。因为我讲他、责备他是对事，绝不对人。这件事过了，他们跟我还一样，嘻嘻哈哈说笑话。

一个真的企业家，如果懂了这个，就是一个可以做统帅的人，做真正政治上的领导人，这也就是企业家的修养了。

李女士：我知道这是您的魅力之一。

南师：我没有没有，如果我还有魅力，那就出去迷人了。譬如某董他两夫妻，可以说是比较像样的小企业家。我在美国的时候，他夫妻两个也在美国，她是硕士，他是斯坦福大学的博士，在世界银行做事情，很红。他们两个人跟着我，我在美国也是这样，一个圆桌，也是一天到晚乱七八糟，中国人外国人都有。然后我们两个谈，我说差不多了，不要做了，你们带孩子回大陆发展。可是他们两个人到大陆发展很有问题哎！第一，他是台湾人；第二，是美国斯坦福大学的整体工程经济的博士；第三，她的爸爸是反共大员，是中将，正面反共的，真的专门对付共产党，现在已和共产党变成好朋友了。他们两个有这三个身份，结果听我的话，他们就回来了。

然后她回来中国，天天埋怨，天天骂。我说那你就离开中国嘛。"我不离开。"为什么？"那是我的国家哎！"现在他们有几个工厂，六七千员工。我说你现在糟糕了，一个员工有四口之家，现在几万人靠你吃饭，你绝不能怕啊，一定要做下去。这已经不是做生意了，是给社会工作，这是一种企业的精神。

他也同圣吉一样，讲管理学的，你们还不知道，他公司

里翻译几十本管理学的书，我说你们翻译了那么多管理学的书，外面大家一套一套买去看，你看过没有，他说一本都没有看。他的公司有一部分人，专门讲管理的。

某女士：公司这个词在英文里，就是大家、朋友在一起做事情。

南师：对，这个是公司，日本人翻译是株式会社。你们做研究的尽管做，慢慢研究，永远研究不完的。

现在不只是企业问题，所以我讲儿童教育，现在年轻的这一代，已经没有做父母的资格了，自己都不能做父母，随便生孩子，教育都成问题。我讲现在生孩子是粗制滥造，不负责任，也没有教育。我这个话不算数的，因为我专门唱反调的，我讲的是教育方面。现在我都公开演讲，第一流的家庭的孩子，受的是最差的教育，两个人都出去做事了，很有钱，把孩子交给保姆管，保姆程度都不够的。

回头再讲管理，要从自己个人管理起。现在没有办法管理，全世界包括美国在内，一个大学毕业生考进公司做事，他要拿高薪，这是第一个目的；第二个目的，在这个公司学了半年以后，学会了就跳槽，到第二个公司；本来六千一个月，那边七千五他就去了。到第二个公司又学一些，学会了以后，再到第三个公司，八千一万一个月，他没有诚心工作的。老板也知道这个家伙靠不住，但是整个社会都是这样。

我们以前做事业，一个年轻人，进来做事当学徒三年，给他饭吃给他住，没有薪水。三年后叫"出师"，等于毕业了，之后才开始有基本薪水，然后一年一年慢慢加。做了五六年以后，就有本事自己做了。

现在是每个硕士博士进来，嘿！在中国文化叫做人怀二心，思想里头两个心，他是来掏你！不是帮你做事的。是一边偷学东西，一边要高薪，学完了就跳槽，没有团结的心，这就是文化问题了。所以我讲哲学的道理，人家说，社会是进步的；我说，很难讲，以工商业发展来讲，社会在进步，以文化，以精神文明来讲，一代一代在退步。现在是工商业越发展，人文道德越衰落，以后更严重了。所以我在国内现在提出读书无用论，教育也无用，改变不了人。而且，整个的世界将没有家庭制度、没有婚姻制度，男女不要结婚了，大家交交朋友拉倒。像你们说的，"结婚是错误，生孩子是失误，离婚是大彻大悟，离婚再结婚是执迷不悟。"就是这个样子。像你们都受了高等教育，会做饭吗？会做菜吗？那是电锅做饭！这些基本的生活，越来越不懂，所以馆子越开越多，吃饭在馆子，洗澡在堂子（洗澡堂）……现在也是"五子登科"啊！以后就是这样的。

你问我的这个问题，是很严重的问题。我乱七八糟地讲，对不起啊！你这个工作尽管做下去，慢慢研究。所以研究最好了，我也想办一个研究所，慢慢研究。

现在每个大学，都办企业管理训练，我说有些是借题目弄钱。现在我看全世界教育制度都错误了，一切都要反省，基本教育要重新恢复。现在由小孩读到大学，已经不讲学问了，只是拿学位来赚钱吃饭的。你说是一个标签，用得好，你就是有学问，一点就通，我想不出来。文凭学位是标签，真学问没有了，这是很严重的。

网络儿童教育是教育人所用的技术，不是教育的根本问题，根本是什么？是个问题啊！

譬如西方过去的历史，拿希腊来讲，一直到欧洲，到美国，过去的教育有个基本，是宗教信念。也就是一个信仰，如何做一个好人，事情不敢乱做，怕做坏了，上帝就处罚。现在这个观念没有了，拿什么东西取代一个宗教信仰？拿什么东西替代一个上帝的观念？中国也有同样的问题。

据我所知道，二十世纪初期以前，全世界每一个国家语言教育，都要出声朗读，都要背诵。二十世纪中期以后，全世界的教育都受了美国杜威的教育思想影响，变成现在这样讲实用主义。目前一般办教育的，也慢慢反省到要重新恢复背诵了。

现在这样的教育流行开来，所以没有真学问，只有学知识，学谋生的技术和知识，把人道人心的本位忘记了，忘记了怎么做一个人。

我交往的有些美国老朋友，到现在差不多都过世了，还有几个老军人，七八十岁的，他们对美国现在的教育也很担心，他们认为完了！对美国的教育来讲，就是宗教的问题了，十九、二十世纪以前，是天主教和清教徒的时期，那个教育非常严格，社会有个规范，现在宗教的教育慢慢退化了，非常自由，所以越来越不同了。

现在美国的文化，没有一个中心，旧的推翻了，新的还没有建立。中国也是这样，欧洲的法国、德国也是这样。譬如我在法国的时候，有个男学生是医生，他们会讲中文。有天晚上他说老师啊，我们带您出去，不要有别人。我说做什么？看法国女人的裸体表演吗？他说不是不是，我们去拜一

个最重要的东西，我们年轻这一代最反对自由与民主！

我说美国的自由民主，是你们法国贩卖过去的啊！你们现在反对这个了吗？他说对了，我们反对这个，讨厌极了！他说我们要恢复帝王制度；晚上跟我去那个大广场拜拜，不要跟人家讲。我说那个是路易十四的断头台哎！他说您来得正好，每年这一天有很多人去拜他！有三千多人呢！反对现在自由民主，因为把社会搞坏了。由这个说明一个道理，欧洲也一样，就是说人的中心思想没有了。

我在中国讲的，今天四个思想领导了全世界：一个是达尔文的进化论；一个是弗洛伊德的性心理学；一个是马克思的资本论；还有一个你们美国人的凯恩斯消费刺激生产。我非常反对消费刺激生产！消费刺激生产最后就是打仗，战争是最大的消费刺激生产。就是这四个东西扰乱了世界！归根究底，不只美国、中国，全体人类都没有中心信仰了。

还有，巴黎那个天主教堂对面的街道，你们都去过，那是喝咖啡的地方。那些鸟都飞到桌子上拉屎，人还一边喝咖啡。我叫他带同学到对面那所教堂去看，他说教堂里没有人，不要去了。我说这样大的教堂没有人啊！现在你们法国人不出家，不做神父，不做修女了吗？他说很少了，大家很讨厌了！西方文化原来的中心，就是天主教、基督教。现在宗教没有了，新的东西没有可以替代的。

某女士：美国有个新保守主义的势力，提倡严格的道德行为。

南师：这个最初是犹他州的摩门教里几个人发动的，我晓得。但是也不能影响大局，没有用，又形成一个新党派而

已，搞不成功。今天老实讲，要靠科学了。

你（圣吉），后天我们谈，现在主要是要靠新起来的认知科学与生命科学了，非常重要，所以我希望你赶快转变。你下次来，就要给你讲认知科学与生命科学了。你这个管理学大师一变变成认知科学大师、生命科学大师，那就行了。这个货色只有本号有，世界上没有，我可以吹牛给你讲，吹牛哦。可是你要知道我快要九十了，你不买就没有了。也就是中国的一句话，"过了这个村，就没有这个店了"。

你搞管理比较成名，如果你转过来，那就不一样了。现在哈佛大学、杜克大学，还有其他几个地方，正在研究认知科学。我看了那些资料，笑死了，那差得远了！你（圣吉）不如在麻省理工学院走这个路线。目前来讲，把认知科学与生命科学真正深入进去，至于变成另外一个什么东西，就再说了。等庙港学堂盖好了，如果真的要正式严格地学，要几个月，先把唯识方面基础了解了，再加上禅定的实验，配合科学的研究。

十三日晚 漫谈

Amber：为什么僧人穿的衣服是黄色的？

南师：僧人以前规定不一定是黄色的。释迦牟尼规定出家穿坏色衣，把破旧了的衣服拿来补了穿的，不管颜色。如果修行，仍爱漂亮爱美丽爱庄严，就是有爱美的心，就不对了。黄色是后来缅甸帝王穿的，他们认为出家人最尊贵，就改成黄色，并不是释迦牟尼佛规定的。

Amber：有学说认为，某人需要什么颜色，就穿什么颜色，看什么颜色。

南师：这是中国中医的道理，几千年前就有了，颜色是配合心肝脾肺肾的需要，而且每一个人需要的颜色都不同。

譬如衣服，假使中国纺织业做出口外销，黑色的衣服一定要加红的，白种人不加红不喜欢；中国人黑色要加绿的。这是大概如此，分开来就很细，每个人眼睛不同，喜欢哪种颜色，同他的身体健康都有关系。

现在最新的医学，就是用颜色治病，在美国刚开始研究，还没有完成。而且颜色同声音一样，配合大声小声，某一种声音可以治某一种的病；中国讲"声、色"两个字，这是一个严肃的科学问题。西方人学东西跟中国人不同，每个问题都很认真；中国人学东西常常文学化，马马虎虎，各有各的长处短处。

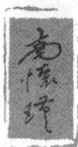

除了声、色之外，味道也一样，作用很强很强，不但留在记忆里很强，有时候自己的记忆还会放射出来，还会制造出来颜色、声音、味道。

彭嘉恒：他（圣吉）说行阴比较难明白。

南师：行阴难明白，识阴也难明白，当然行阴最难。譬如整个宇宙、太阳系、地球的转动，整个物理的变化，一个小的分子的变化，都属行阴。行阴就是动力，最初的本源。

Amber：怎么样可以把人类联合在一起？

南师：这个很难。对这个问题，人类已经思想了几千年，还没有做到。四海之内皆兄弟也，这是《论语》里子夏讲的话；现在要说成五大洋内皆兄弟也。不过，他没说鸟跟猪是我们兄弟啊，孔子的思想同耶稣思想一样，释迦牟尼佛的思想不同了，鸟、细菌、蚂蚁都一样，皆兄弟也。

有问：请问老师，什么叫生灭？

南师：动静，来去。

有问：那什么叫生命呢？

南师：生命是人讲的嘛！生配上命是讲现在凡是活着的，不管动物或人都叫命。你问得对啊！生是生，命是命。佛学讲生命，同儒家孔孟讲生命一样，现在活着的叫命；生是另外个观念了，宇宙万有生长那个本能，是生生不已，那个是生。不过中国文化这两个是分开的，普通连在一起用了。当然有生就有灭啰！这是原则。现在英文的生命科学，只是讲一个动物活着的这个叫生命，不是我讲的这个观念。

这些都是学者讲话，你们这个翻译都是学者讲话，我讲一个最土的话你就懂了：像男女两个冲动，那个是生；一直

到最后出了精，那个就是命。大教主们，耶稣、孔子，有时候讲话，最浅就是最容易懂的，到你们学者嘴里越讲越复杂了。所以你（圣吉）注意！打起坐来，那个翘起来，下面都在动，这个是生，是一股生机在动，生生不已，这是好事情，但是不要制造命了啊！

有问：那么中阴身算不算生命呢？

南师：中阴身是对我们现有的生命而言，这个生命死后，还没有变成六道中另一个生命以前，中间存在的阶段是中阴身，也就是一个阴性的意生身。鬼是另一种生命，中阴身变鬼已经不叫中阴身，那叫鬼了。（按：六道是天、阿修罗、人、地狱、饿鬼、畜生）

有问：细菌应该是一个生命了。

南师：是一个生命。

某女士：我们常常自认为自己是一个生命，其实身上有无数个生命。

南师：那是的，我们身上的生命包括大千世界。所以中国的道家讲，宇宙是一个身体，一个生命，同一个人的身体一样。人的身体是个小宇宙，里头也有无数的生命、细胞。

有问：那么一个国家也是一个生命。

南师：是，国家地区观念都是人为的。本来是啊，一个民族、一个国家、一个家庭、一个星球、一个宇宙，都是这样。中国的观念，宇宙是两个东西组成：宙是时间，宇是空间。中国佛学里头，宇和宙是两个概念配在一起，是无数的空间配上无数的时间；英文的宇宙观念是这个天地，只有空间，现在一提宇宙，都是英文那个观念。

宇是空间，宙是时间；时间是连续的，但是时间是人为的、相对的，不是绝对的。时间绝对是相对的。要注意哦！举一个例子，拿人的情绪来讲，痛苦的时间，一秒钟好像是一百年，至于快乐的时间，一百年等于一秒钟，这是感觉的时间。至于生命的时间，有些人活一百岁，有些人活十岁；有些生物，早晨生出来，晚上就死掉的；有些生物或者植物可以活一万年。所以这个生命的时间，各个不同，也是相对的。

再说星球的时间，譬如说，我们佛学跟中国文化早就知道，月亮的一昼夜，就是我们的一个月；我们的半个月是它的白天，半个月是它的黑夜。太阳的一昼夜，就是我们地球的一年。另外有的世界一昼夜等于是太阳的一年，所以这个世界是无限大。那么究竟这个世界是时间构成空间，还是空间构成了时间？现在还不能定论。

有问：空间也是相对的吗？

南师：空间绝对是相对的，空间还不敢说没有东西存在。真正的空里头，所有的东西都存在，等于数学那个零字，数学不论多少数的以前是一，一以前是零，零不只代表了没有数，也代表了无限数，也代表了不可知数，也代表了非常奇妙的数，也代表很多很多的零。所以零不是没有，和空一样，即空即有，即有即空。

今天晚上并没有说要给你们讲这些啊！中国人卖膏药，端个盘子来收钱啊！哈哈。这些都是将来庙港那边开的课。

有问：鬼看见的空间与人看见的空间也不一样吧？

南师：不一样，一切生命像鱼、鸡、鸭、人，看这个空

间，统统不一样。不但空间不一样，形象也不一样。所以中国农村来讲，牛眼睛那么大，它的视野像放大镜似的，它看我们人和外物比它还要大好几倍。鹅眼睛很小，它看东西也很小，所以我们人过来，它嘎嘎嘎要咬你，因为看到你比它小多了。俗话说狗眼看人低，你穿破旧衣服，它一定认为你是坏蛋就咬，穿好衣服它就不咬；北方说的咬就是叫。

不要说鬼，就是小孩子跟我们大人的时间也不一样，有时候他觉得时间蛮长的，他玩一下就累了，需要休息了，有时候他精神够了，玩一天也不累，感觉也都不一样。

所以我平常叫你们冷了穿衣服啊！你们说，今天三十几度哎！那是根据外面空气温度的报告，而这个报告是上海台的，可是上海分好几个区，都不同了。有的没有报告湿度气压，你还要知道湿度多少，气压多少，这两个加上还不行，因为每个人感觉温度都不同，我怕冷，他怕热。你看某董事长穿一件丝绸衣服，他在那里，不怕冷；我在这里不行，要穿皮的了，每人感觉的温度不同。

还有许多是环境或习惯的关系，就像沙漠里头长大的人同海边长大的人，一定大声音，所以我是海边长大的，讲话声音大。

你们知道《华严经》怎么出来的吗？有一位龙树菩萨，比释迦牟尼佛迟五百年。他悟道以后认为，自己超过释迦牟尼佛，他要做教主。后来感动了一个龙王，龙树菩萨说，世界上佛经我都看过，也不过如此。龙王说，你没有看过多少佛经啦！我带你去看。就把他带到龙宫去了。打开图书馆，叫他骑在马上，只看佛经的题目，三个月还没有看完。结果

他带出来一部《华严经》，一共十万偈，中国翻译成八十卷，这只是龙宫中《华严经》的万分之一，这个叫做走马看经题。所以学问是没有止境的。因此道家的庄子就说过："吾生也有涯，而知也无涯，以有涯随无涯，殆已。已而为知者，殆而已矣。"拿有限的生命求无限的知识，这个家伙是最笨蛋，是最危险了。

圣吉：我很想知道，老师觉得认知科学以后的方向应该怎样？

南师：认知科学真要研究的话，不止是哲学，而是一个大科学了，这是最高的一个。一切的众生，不止人，这个知性哪里来的？最初怎么动的？不但是只讲理论，还要拿脑科学，脑医学，同一切医学，以及物理、化学等等，配合起来研究，也就是以前的哲学的知识论。这个知识思想究竟是怎么来的？现在说是脑的关系，其实不是脑啊。

譬如她（女居士）五六年前脑子里长一个瘤子，医生打开脑壳把瘤拿掉。今年美国发明一个最新检查脑的仪器，她顺便去检查一下，发现又长出一个瘤。她在电脑上查到，美国斯坦福医学院发明一个最新的仪器，叫数码刀。她夫妇俩就去了。手术是打激光针，不要开刀，就在头外一寸左右的空中打激光，打一百三十八针。

美国医生认为，理论上这个病人不会有感觉的。但是她每一针都有感觉，晓得一下"嗖"到这里，一下是到那里。最后医生问她，你没有感觉吧？她说每针都有感觉。医生不相信，不过看她一切都正常。你们注意，医生是在头外面用激光针打的哦！不是打在身体上。所以就是这些情况，我现在没有给你们做结论啊！

譬如很多年前，我在美国看到一个资料，一个人的腿切断了，可是这个没有腿的地方，每每觉得仍然疼痛难过。所以那个医生，每个礼拜也在那个空的地方给他打一针，他就舒服了。这些资料很多的，所以生命并不完全像目前人类科学所知道的。这是两个资料了。

香港有一个眼科医生，最有名，还是院士，是国家第一流的医生。这个医生也在研究这位女居士的问题。她戴隐形眼镜，有几百度，可是眼科一检查说，你是个瞎子哎！证实近视到一千两百度，怎么戴七百度的眼镜能看东西呢？真的喔！这都是他最近写给我的报告，可是她有时候做事，隐形眼镜还拿掉，照样看东西，一样做事。所以这个眼科医生也奇怪，问她怎么看的？她说我一辈子都这样看啊，并没有觉得不对啊！这是第三个真实的资料。

我们都知道，眼睛的主要视觉神经在后面，前面是眼球。要真的讲起来，不是眼睛在看，是那个心在看。所以佛学的《楞严经》"七处征心，八还辨见"，首先提出来讲心，其次是讲看，多次讨论，看见的见，什么东西能够看见？我们眼睛看见的最初功能是什么？这就是认知科学的问题了。

现在我们讲她这个例子，她的眼睛比我们都好。我在香港时，有一次我一件很好的衣服破了，我叫她拿到街上找人绣补，结果她拿到我的衣服就笑了，她说找不到人补了，她自己来。她从小跟妈妈学过绣花，什么都会。结果她给我补好了。你说她的眼睛，还能够做这个！老实告诉你们，她现在打起坐来，有些你们看不见的东西她都能看见，不过不跟

你们讲。

所以，将来在庙港讲生命科学、认知科学，真开课的时候，不是跟一般人讲了。一般学佛的，多数学佛打坐修道的，普通知识都不够，科学知识更没有。

现在这个世界文化，今后一定追求认知科学、生命科学，所以你这位管理大师赶快转到这一面来。现在转到这个上头来，你是一马当先，先领头了。不过昨天跟你讲过，只此一家有货，别无分号。如果这一家倒了，死了，就没了，买不到货了。

拿这位女居士来说，这是一个现实，这个现实很奇怪，所以我这两天笑她，她这个人，全身都不是东西，真的，你摸摸她的手，她的手比豆腐还要豆腐，她内外一切都不是东西，好像不是人啊。结果还生出两个孩子，奇怪吧？这个是生命的道理了，所以生命是非常神奇的。

以前，她在房间里打坐，她老公在另外地方，看到老婆的房间灯开着，进去一看，灯没开，是她放光了。还有，以前她睡在床上，自己会离开床一尺高，在空中这样睡觉，还可以翻身。一般人如果到这样就不得了啦！吹起来就是大师啊，大字上面还点一点，就是犬师啊。她不稀奇这些，她自己也知道这些不是道，不是究竟，这些都是境界，一个过程，一个现象。

现在举很多的案例来说明认知科学、生命科学，但是这些案例，还不是究竟的，还只是现象。所以，研究生命科学、认知科学，不是美国这样搞的。美国现在搞的生命科学，追寻那个投胎，追问究竟有没有这回事，录了很多的录

影带，要真的研究认知科学、生命科学，慢慢来了，这些事讲讲好玩罢了。

有问：老师，道家讲人的根在虚空……

南师：哪一本道书讲的？那是我讲的！不是道家讲的。那是我的祖传，你随便把我卖给道家了，呵呵……

圣吉：有几位科学家都是我很好的朋友。不久以前，他们在麻省理工学院有一个公开的论坛，也请了五六个喇嘛，大家谈认知科学。可是喇嘛和科学家双方一直没办法沟通，虽然两方面都很诚意，可是对心究竟是怎么一回事，双方有很大的分歧。

南师：我看了觉得很浅薄，谈不上了。因为这些学佛的，讲句实在诚恳的话，他们本身的佛学，没有融通。其次，关于修持，根本最基本的还没有到达。第三点，因为他们不懂西方文化科技思想的习惯；反过来说，西方人对这一方面也都外行。所谓习惯，就是他们各讲各的，两套方式沟通当然困难，何况还要求实证。程度也不够，做不到的，这样讨论不会有结果的。

尤其这些和尚、喇嘛，没有学过西方的哲学，逻辑也没有好好研究过，他不懂人家思维的方式。自己的思维方式嘛，只照佛经上那个习惯来的，根本没有融化，怎么沟通啊？没有用的。像我们现在讲话，你看我讲到最后，怕你们不明白，只好说什么翘起来啊，什么的乱讲，你一笑就懂了。这是思维方式的问题。

人类有个基本语言，譬如两性的关系，譬如吃东西会饱，这是基本语言。你用这个一表达，他就了解了。两方面

东西文化沟通，也是这样，一个拼命讲刀叉，一个拼命说自己的筷子怎么好，那永远搞不通的。

Amber：那我们怎么办？

南师：等于吃那个虾子，你不要用筷子，赶快用手来拿，吃饱了就晓得是什么味道。所以说，不能被形式拘住，每一个民族，每个文化、思想，都有一个习惯的形式，不能被习惯形式困住。丢了形式就很容易沟通了。

我有个法国女学生，叫戴思博，你们在法国也许碰到过她。她与丈夫到中国来看我，她丈夫一句中国话不会。有天晚上没有回来吃饭，我很担心。他后来回来了，说到中国馆子，也吃了蛋炒饭回来。我说有人给你翻译吗？他说没有。他告诉我：不晓得是我聪明还是中国人聪明，我进去告诉他们，咯咯咯咯，咚，咔嚓，哗，喊……（众笑），他们就知道我要的是蛋炒饭。

有问：喇嘛们用佛经的思维方式，也是很好的啊。

南师：他本身很好啊，跟外面沟通就不行了。不只是思维习惯问题，还有很多，语言习惯，表达习惯……教育不是那么简单的。很多照佛教教育方式出身的，其他的学问理都不理，更不晓得别人是怎么样的。

Amber：学西方科学的，如果想要沟通的话，又要研究一点佛学，我们要学那么多，那怎么学得过来呢？

南师：不会的，不会的。

彭嘉恒：一般来说解释佛经，都是以经解经，都是以这本经解那本经，以那本经解这本经，不敢用自己的语言来表达，别人看了很难懂的。老师是用大家最容易懂的语言解释佛经，看了就比较容易懂。

南师：譬如有人学物理出身的，一讲就是爱因斯坦怎么说，那个不是爱因斯坦的，他就不知道了，这个就是习惯，思维的习惯，表达的习惯，有个范围局限了。

圣吉：这是沟通的问题了。西方人认为外部世界是物质的、独立的客体，和人类自己彼此没有沟通的。下一步，应该是我们跟宇宙的关系，它不是一个独立跟我们没关系的宇宙。

南师：对，这个是东西两方面看起来的矛盾，东方的文化是向内走，西方文化是向外追求，其实两个是一体的。

圣吉：美国有些受过很好西方教育的印第安人，和一些科学家、物理学家，组成一个学会。他们介绍说，印第安人本身也是有科学的，但是跟西方的科学很不同。印第安人认为外界的物质也是有生命的，西方一般科学家认为物质是没有生命的。印第安人认为人类与宇宙可以平衡地生活在一起，外面的世界也可以因此而互相利益，互相活得好一点。而西方科学在研究外面的东西的时候，是想怎么样利用外面的东西，而不是怎么跟外面平衡。

南师：没有错。

圣吉：有趣的是，现在资助他们这个研究的，是美国国家的一个科学研究基金。为什么他们要搞这个项目呢？因为那些印第安人的孩子，被西方人逼去上西方的学校。而这些西方学校基本上都是以欧洲为中心的，在澳大利亚也好，在美国、加拿大也好，那些印第安人、土著的孩子，觉得在西方学校学的东西，跟在他们故乡学的东西相差很远，很多时

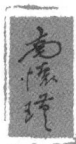

候他们都没办法适应，所以这些孩子就常常喝很多酒，想麻醉自己。

南师：现在东西方走的路线，矛盾也是一样的。现在的中国人也要变成不是中国人，而是西方人了。就是这一代的中国人莫名其妙了。坐在我们旁边的这些中国人，是莫名其"庙"里头，又莫名其"土地堂"的；土地堂，比庙还小一点，最小了，哈哈。

所以今天的东西方，基本是唯物观点发展的，同唯心观点是分开的。现在把两个分开，认为是矛盾，搞得全世界茫然地活着。其实两个是统一的，譬如你刚才提到美国的文化，是以西方文化为主，西方文化以欧洲为主，从希腊这个系统过来的。虽然希腊原始的文化也是心物两派，互有争论，但是还是一元的，还是一体；到后世慢慢完全分开了。今天欧洲文化乃至美国的文化，就是所谓唯物的代表，是完全唯物向外发展的路线，唯心方面已经完全抛弃了。

西方文化为什么衍变成这样呢？因为第一、二次工业革命，工商业发展，科技文明进步，西方人自己也迷糊了，就是佛学一句话"向外驰求"，像跑马一样，拼命地专向外面跑了。现在是第三次精密科技的产业革命，更严重了，人类更迷糊了，都是向外驰求，没有回转来。将来他们会回转来；所以我希望你先学会，再把他们拉回来，不是拉回来；而是站在前面等他们了。

所以叫那些喇嘛和尚来谈这个，他们也不懂自然科学，也没有这个知识，什么工业革命，什么什么他都不清楚，没有办法谈，医学也不懂。

圣吉：现在很多科学研究，在喇嘛打坐时，用仪器测量他们的脑电波、心电图。

南师：可以，应该做测验。但是应该先明了受测者的程度。我都被人家做过测验，把脑电图、心电图仪器戴在身上，我告诉他们，现在我在思想，你看心电图怎么样，现在我不思想是怎么样。如果一个人本身没有这个科学常识或者禅定的深度，叫他做测验也不会有结果。

如果照我的理想，将来在庙港做测验能有一种仪器，假使一个人打坐，这个仪器就显出颜色来。如果这个家伙心里想一个坏事，仪器马上显示黑色、蓝色；他想好事，白一点的光或黄光就显出来了。用光学、声学都可以测验的。

这个测验并不是测出是否有道，或工夫，而是了解心念的作用，如何进入三摩地的定境界，怎么超出物理的局限。这个科技现在还没有，要能做到这样才好，这也是将来的文化沟通方法之一，属于生命科学、认知科学的研究了。

其实全人类也想这样走，可惜想不出来一个方向。而这个只是讲科技方面，如果把这个心物道理搞清楚，会影响社会科学，影响政治思想。你（圣吉）是讲管理学的，其实整个的政治体制就是一个管理学。

圣吉：以前和我来的那个德国人，我们一起谈过，现在的科学研究都很难有什么成果，因为现在科学研究大部分都是公司给钱，都是要利用研究赚钱，因此也就没有办法实实在在地、很好地做研究。另外，以前也有很多人研究，如何配合星星的移动去盖房子，把最好的宇宙能量吸收进来。

南师：对，这是个大问题。所以美国现在政治背后就是

商人指挥，钱在指挥，统统是商业的行为，这是错误的。美国现在的政治祸害也出在这里，也是美国将来的一大祸害。所以昨天我告诉你，中国没有真的企业家，就是这个道理，都是商人赚钱的目的，"商人重利轻别离"，这是白居易的诗，表示利是第一重要。

今天世界的学术研究，也被商业行为霸去了，中国现在也走向这条路。因此各个大学教育，我都看不起，连老师、学者都是为了钱，已经没有学者的气味了，这个风气我们要把它变过来。

某女士：老师，是不是自古以来就是这样，人为财死，鸟为食亡？

南师：不是，自古以来不是这样的。

某女士：司马迁也说过，"天下熙熙，皆为利来；天下攘攘，皆为利往。"

南师：司马迁那个话是讽刺人的，不好点穿。这个问题就是社会的演变史了，由第一次、第二次工业革命，发展了工商业、发展了科技，是好事情。但是，也变成了商业的发展，全世界化的工商业竞争，他们忘记了根本。工业革命，因为学问、知识、科技的指导，使他们发了财，结果大家都向钱看。等于两夫妻都是教授，大学问家，生了孩子以后，专门管孩子了，跟着孩子在跑；孩子又跟到下一代孙子去跑了，结果老的都没有用了，被孙子他们玩掉了。所以回转来，我们还是要做主动，不随这些孩子们乱跑。

我常常说，物质科学的发展，精密科技的发展，是工商业的进步，给人类带来了生活上许多便利，但是，并没有给

人类带来幸福；换一句话说，精密科技及工商业的发展，反而给人类带来更多的烦恼，没有带来安详。所以我们要建立一个新的人类文化。

应用科学的发展、精密科技的发展成果它本身没有错；至于如何使用它，才给人类带来安详，带来生命的安定，这是很重要的题目。不过你（圣吉）还愿意听我讲，已经不错了。

明年假使有机缘再来，我还要通知法国那个学生戴思博，她也想来听，还有德国的学生，要就一起来听吧。

Amber：我能够贡献什么吗？

南师：你贡献很大啊！你能够听就是一大贡献了。我是个神经病，彼得·圣吉是个疯子，神经病跟疯子讲话，你能够听就已经了不起了。你小的时候受过犹太教育吗？

Amber：没有。

彭嘉恒：她（Amber）说她学过一点犹太的神秘学，跟其他地方的传统有很多相似的地方。

南师：对对，同中国古代的文化，同印第安古代文化很多相同，不是类似，很多几乎相同。

某董：老师，您刚才讲认知科学、生命科学会影响到社会科学、政治思想，我还是不大懂。

南师：我刚才说，心物一元这个道理搞通了，会影响社会科学、政治思想。

某女士：为什么？

南师：那要上长课了，好像王勃的《滕王阁序》，长篇大论锦绣文章，不是一言两语的，大原则你想一想就会懂。

换句话讲，刚才我们谈的，真的搞通了认知科学和生命科学，不要说文化沟通，用西方的文化观念讲，还可以真正做到自由与民主。不是美国今天那个民主，那是狭隘的，缺少了一个博爱精神，就是佛学讲的慈悲。

我说几个圣人开的都是药方：中国孔子开的药方是忠孝仁义，就是说中华民族不忠不孝不仁不义，到现在还是如此；印度人阶级观念重，所以要慈悲平等，就是佛开的药方；西方人很狭隘，所以耶稣开的药方要博爱。看了圣人开的药方就知道东方人、西方人的毛病，而且这几个毛病，到现在就是人类的禽流感，比禽流感还严重。这几家圣人的药，大家都没有把病治好；不但没有治好，而且还乱吃下去变成癌症，要开刀。

第一讲

南师：彼得·圣吉的报告我看过了，知道你现在的修持状况。这些旁边的人都是随缘旁听的。先喝茶，吃东西吧。

圣吉：没关系，无须避开什么人。我的报告中有几个问题，第一个就是安那般那的方法问题，我还认不清"息"是怎么一回事。

南师：安那般那是梵文，不是现在的印度文，印度现在的梵文也是拉丁化了的梵文，不是古代的梵文了。印度当时的语言文字有几十种，佛经当时主要是梵文记载的，不是现在讲的巴利文。我今天彻底地讲清楚，希望你在领导美国向认知科学、生命科学研究的方向上，做个创造学派的人。

"安那""般那"是两个发音，是两个意义；中国的翻译，"安那"就是出气，呼出去；"般那"就是吸气，吸进来，这个是以人类来讲的。一切生物，包括一切的动物、植物，也是有呼吸的，进来，出去，对生物来讲，用这个名称。对人来讲，就偏重于呼吸了，一吸一呼，一呼一吸。对宇宙来讲，不是安那般那，是一动一静，动静和生灭，两个名称不同了。宇宙万有生起来，又没有了，没有了又生起来，波浪式的跳动；它的现象：起来是动，灭就是静止。在整个物理世界，就是生灭、动静。

这个翻译时要注意，这里没有《汉英佛学字典》；这部

字典有些词语创作了以后，作者在序言上面说，这是开始尝试的，希望后人能够改正，所以也不准确；你现在翻译要准确一点。

回转来了解，对人的呼吸来讲，安那般那就是一往一来。要了解这个，必须从所有佛经，从密宗、显教研究。所谓密宗不是达赖这一派，达赖这一派是后期的，是明朝以后，不过才五百年；西藏真正的密宗是一千四百年前，唐朝那时开始的，红教开始的。不论密宗、显教，真正秘密的修持都在安那般那上面，禅宗密宗都是这样。但是，所有佛经上面，都没有说清楚科学道理。这是一个很严重的问题。

这个时候佛教还没有来中国，简单用老子的两句话——"天地之间，其犹橐籥乎"，这就把原则讲清楚了。你在美国小的时候看过风箱吗？（圣吉：看过。）拉风箱，"喊咕喊咕"，这个风吹进去，火就大了；一拉来，这个火就小一点，中国土名叫风箱，在《老子》的文字叫"橐籥"，他说整个宇宙有个生命的力量，一呼一吸，一生一灭，一来一往，就是喊咕喊咕。我们现在活着的生命，是靠鼻子这个风箱口，这样呼吸着。

所以老子讲，天地之间，宇宙在呼吸，地球也在呼吸，太阳也在呼吸，万物，譬如植物、矿物也在呼吸。植物的呼吸，同我们人不同，如果喜欢坐在森林里头，是很危险的；几乎所有的植物夜晚放的都是碳气，白天放的是氧气。所以修气的或者运动家，晚上在森林里，以为呼吸新鲜空气，是错误的。这个原则先了解了。

佛教人修安那般那，刚才我讲过的，禅宗与密宗修定，

都是用这个基本方法。但是呢，基本方法到现在为止，据我所知，不管修禅修密，真了解的，真达到的人没有，因为第一步认识都不清楚。

道家后来发展，有一个咒语，是佛教进来以后，仿照佛教很多的形式而成的，当时佛道两个文化对抗，后来道教有个很伟大的基本咒叫金光咒，开头有两句话讲这个就很清楚：

"天地玄宗"，整个天地是很微妙的。"万气根本"，这个气，安那般那呼吸，有万种不同的气，它的现象有一万种；万种是讲大概的数字。譬如现在科学来讲，氧气，碳气，等等。"天地玄宗，万气根本"，引用这两句话，先作一个基本的了解。

所以万物都有气，各个不同，其实气就是生命能。譬如有相当修持的人，譬如有两个人，如果旁边的人有病，放射的病气味道不同，她们早就感觉，坐在旁边很难受。万物都放射气，所以她常常说，老师，你赶快抽烟吧！我就知道某一个人有病，在我前面，她让我用抽烟抵住。我说，不要怕，我已经习惯了，都把它变化了。

所以圣吉刚才你也问安那般那，到现在你还不清楚，可见你是一个真正的学者，你研究得很认真。这个问题问对了，很对，一般人粗心大意的，包括这些喇嘛，一些正式修的人，都没有搞清楚。

佛告诉你，修安那般那首先要有个认识，生命的气，大原则分三种：长养气、报身气、根本气。

第一种，长养气，这是中文的翻译，就是使人活着、成长，就像是植物的肥料，动物的饮食一样，保养你，使你身

体有生命的新陈代谢。"新陈代谢"四个字，就是安那般那；死亡的细胞从毛孔排出去了，新的细胞生长，其实就是安那般那；这属于长养气。我们的一呼一吸，就属于长养气，成长、保养，"长养"两个字，就是这个意义。所以大家看了中文，以为就懂了，其实没懂。

关于长养气，这个内容详细讲很多啊！是个大科学。长养气里头又分四层：风、喘、气、息。

先讲风，风是基本的原则，风，在中国讲，就是气流的气，在人体内变成呼吸了。人的呼吸是第一位的，所以风是第一位。

喘，譬如我们的呼吸，一般呼吸叫"喘"，喘气的喘。有一种呼吸道不好的病叫哮喘病，一般普通人，身体都不够健康，也有轻度的哮喘病，呼吸只到喉咙，到肺的这个表层为止。呼吸有声音的，尤其睡眠的时候，静下来听得很清楚；感冒鼻塞时，那个声音更粗了，这属于喘。喘是外风和身体内部的风，互相矛盾阻碍，互相争斗，为了打通气的管道而发生的。所以讲到这个，不是这样简单的，要脑科医生参加，等我们仪器到了再谈。所以一般呼吸，是由鼻腔呼吸；鼻腔这里头很多的脉，等于现在讲神经，很细很细，有几百种脉。修到能在某一个部位呼吸，那就不是用鼻腔，只靠这个部位呼吸。你拿一个骷髅来看，鼻子这里有个洞，三角形的，这个边上在呼吸。这是大概讲，还不详细给你们讲，你们还不到那个程度。

所以人年纪越大，气越短，到死亡的时候，这个气只到喉结这里，这个喉结骨头锁住的，最后，越老越紧缩，完全

一缩就断气，"呃"一声，就死了，长养气没有了。

圣吉：我在医院看到，我父亲临终的时候就是这样的。

南师：是啊。这个喉结尤其要很注意，这个地方同女性的下部耻骨一样。女性生孩子，骨盆扩大，骶尾关节后移，耻骨间的纤维软骨拉开（有些认知不同），所以很痛，孩子出生一个月后慢慢再复原。所以长养气，你用功到了，喉结打开，对寿命也有控制的作用了。

所以要修气，否则年纪大了，喝一口水都呛到，会死的，因为喉结越缩越紧。所以喉结要打开才行，当工夫到了，这里会打开，然后呼吸在脑了，工夫是到了，最后是脑顶打开，这是讲工夫到了的时候。一般人容易衰老，坐在那里会低着头睡觉，头脑昏昏，以为没有睡，其实都睡了，因为脑的氧气不够了，刚才我们那个大爷就打哈欠了，脑袋氧气不够了。

这是讲长养气的阶段，喘属于风大的作用。长养气是生命的功能，同地球的大气层连带的。所以，假使超过高空，在大气层之外，这个气就变化了，那个是真空，所以太空人要受训练的。假使不带氧气到太空，超过大气层外面，只有得了四禅定的人，也许没有关系，也许哦！因为不需要长养呼吸安那般那了。

长养气，第三步是"气"。气的阶段不喘了，譬如修定的人，静坐坐得好，好像感觉鼻子没有呼吸，或很慢很轻微来往，这个属于气了。所以修持方面讲的气，不是现在美国翻译的那个。当年在美国，我说这个"气"翻不出来的，就是这个道理，因为不是普通空气的气了。中国古代是这个

"炁"，"无"字下面四点，无火之谓"炁"，好像没有作用，可是还有往来，很久很慢，偶然有一下往来的作用，似乎没有感受，没有风、没有喘，那个叫做气了。这是拿人来讲的。

再进一步，就是"息"，你刚才问什么是息，你认不清楚是应该的。这个息，接着刚才说，是很微细的进出往来，气都没有，身体内部的障碍统统没有，没有痛苦难受，酸痛胀麻痒等等感受一点都没有，完全宁静，好像一点呼吸都没有，而是遍满全身。然后感觉每个细胞乃至九窍，头上七窍，加上大小便的二窍，全身每个细胞，自然都是往来充满了，好像跟大气，虚空相通了，那个就是"息"的境界。这个我从来没有讲过，因为众生愚昧都不懂。

讲到这里，有人问我一个问题，这时要药帮助吗？这是个问题，其实从开始修持，最好懂医药。学佛的，学神仙丹道的道家，是注重药物帮助的，这一种帮助叫助缘，不是主要的，主要的靠内在的修持。但是懂药很难，所以道家修神仙的炼丹，就是这样来的。

这样简单答复她提出的问题，有时候需要懂药懂医，所以菩萨要学五明，要懂医道，她问的问题很对。用药的道理，是打通你身体内部的障碍。其实普通佛学告诉你，有七万到十万条脉管，是微细的气脉所走的路，一有障碍，内部就有病了，只不过，人不觉得自己有了病。用药是一种助缘，帮助减轻你的病痛，打通一点气脉。

但是，修禅宗同有一些密宗（不是黄教达赖这一派）完全靠心力自己把它转化了，像白教噶举派走禅的路线，就是靠自力，但心力要非常坚强！念头随时能够空掉的，气脉自

然可以转变，这一步工夫是非常非常难！所以讲，念咒子，学密宗的这些，都是初步打通气脉的一种方便法门，只是借用的，一种变相的方法而已。

现在简单地讲到这里，属于第一个长养气，第二个，就更难懂了，进一步就是你问到"息"的问题了，叫做"报身气"，或者"报气"、"业报气"，由梵文翻译成中文是这样。长养气是外层的，内层的叫做报身气。报是业报，是生命的根本，就是某个时候，男人的精虫跟女人的卵脏碰在一起，我们这个灵魂被这一股业报气裹进去，很快，快速得不能形容，哈啦哈啦都来不及，已经搅进去了。像搅牛奶一样，三缘和合变成一个生命。这个精虫卵脏灵魂一搅进去以后，七秒钟，不，还要快，快速变化，七个数字一个变化，七天一个大变化。

胎儿在娘胎里头，三十八个七天，九个多月，这个时候没有呼吸，靠脐带跟母亲的身体连到一起，嘴巴鼻子都不动的。可是，从他的脐带把母亲的营养吸进来，包括这个生命的气，吸进来充满，所以嘴里有很多脏东西。这种叫业报的气，没有鼻子呼吸作用，只有这个生命功能，自然使胎儿成长了。

佛经粗浅地告诉你，变成胎儿以后，每七天一个大的变化，哪一条经脉，哪一块骨头，哪个细胞，七天一个变化，每个七天的气，名称都不同，所以是"万气根本"。这还不是详细讲，实际上七秒钟七分钟，像我们现在坐在这里，生命都在变化中，都在安那般那，这个气就是这样。这个属于业报之气。

有人说请让大家休息一下，是很累，听得很紧张。

第二讲

南师：圣吉用功，问到"息"，我们由长养气，讲到息，大家还记得吗？"息"的境界真的到达了，全身息是充满的，不是发胀，身体整个变轻灵，也就无痛无病，这时才懂得那个报身气，才懂得自己在胎儿时，那个不呼不吸、自然有呼吸作用来往的功能。当然这个时候重点在下部了，下部跟脑连起来。现在只跟你们讲到这里，将来你们工夫到了，再来问。

到这一步时，这里先要补充一个东西，因为圣吉现在在练习修持这个，对不对？（圣吉：是的。）这个你要注意啊！内部的那个"报气"要开始打通的时候，会有反气的。譬如婴儿吃了奶，要在孩子背上轻轻拍一拍，把他顺下去，那个婴儿打个嗝，就下去了，不然奶还在上面，一定要下去才行。

这等于一个什么道理呢？像丢一块石头到水塘，那个石头一到底，咚……这个气就冒上来，有水泡冒上来。所以婴儿吃奶那个道理，就是这个奶下去了，咕……气就冒上来，很重要的。

所以我们有时候静坐，在修的过程当中，有时候会打起嗝来，就是证明你食道到胃这一节，经常是不干净、不通的。任何一个人，包括很健康的人，这一节都是不干净的。

食物和外气下去以后，引动内气就反上来，这个作用要认识清楚，这是补充前面一点。

所以，有修持的人，听到人家出气，他就知道病在哪里，有的是胃有病；有的是消化不良；有的是横膈膜出了问题，胰脏出了问题……所以每一个打嗝都不同。外气安那般那没有调整好，人衰老了，肚子就大起来。尤其你们美国人、欧洲人，我们中国人送你们一个高雅的外号，叫"老外"，你们老外一个一个中年以后，肚子越来越大，下元气、生命报气越来越没有了，肠胃肥肿了，横膈膜以下、胰脏以下的气，就是原来的业报气已经快用完，只剩后天的一点空气在用，所以肚子就大，肠胃就不对，胰脏也出毛病了。

所以从这一方面讲，很多病都是气的问题。譬如癌症，肝癌、肠癌，一切的癌症，不是另外有个东西，而是他原来的气结起来，打结了。所以中文有一句很有意思的形容，当听到一件事情，很刺激自己，文学上常常形容四个字："为之气结"，呼吸停掉，气在那里打结。这个气慢慢在肝啊，心啊那里打结了，慢慢变成瘤啊，变成癌了，于是其他的细胞就死亡，气不通了。人体的自律神经系统，如果失调，两只手发抖，拿不动东西；还有些"中风"，半边风瘫，那都是气结在那里走不通。

这种做工夫，都还是初步的，你要是真要专修实证，要证道，是要万事不管，初步的要两三年。道家有个数字很准确的，"百日筑基"，停止了男女关系，包括遗精、手淫一切都没有了，要一百天打基础，跟呼吸配合。然后"十月怀胎"，就是十个月，由息到达认得那个业报之气了。之后

"三年哺乳"，保养，对外界一切都脱离关系，等于胎儿生出来后，还要喂奶三年，把自己的定力功夫修养增大。然后，"九年面壁"，学达摩祖师那样，九年都在定中。

这样，就变成超越世间的圣人境界，就叫做神仙。我们算算账要多少年？十三年就成神仙了。我常笑，大家六岁起读书，读了十六年不过大学毕业，然后一个月只赚三千两千；而只要十二三年就成个神仙多好！可是大家不干。不过，不要认为成神仙简单，一般人要走出第一步，是一万个人修，有五千对都做不到。

百日筑基，当然男女关系改变是第一要点，其他外务，什么为名为利一切事务都没有了，这个大家就做不到。所以这些出家的喇嘛也好、和尚也好、道士也好，什么闭关！哼！我笑他们是三个欺——自欺、欺人、被人家欺，做不到的。

某董：为什么男女关系那么重要呢？

南师：很重要！这才是第一步。不过你们都修成功了，都修到了婴儿出窍，都有好几个孩子了（众笑）。

想在家来修的话，那就不是这样修了，所以那叫做"大乘行"！非常非常难！心念、道德、行为，一切念头，随时能够空。

修密宗，由安那般那修到色相变了，整个身体七彩的光明，化成虹光之身，然后把身体化空，这个密宗叫做即身成就。不是这些喇嘛和尚，只要剃个光头，就都成就了。等一下晚上记得问我，怎样化成虹光之身的原理。

前面我先讲了长养气的部分，刚才报身气还没有讲完，

岔过来做了些补充，现在回转来讲报身气。在胎儿时没有普通呼吸，那个气比息还严重，那个叫报身气。这个里头有个大关键，很有意思的。婴儿一出娘胎，医生接生的动作要快，用剪刀把脐带赶快剪断，拿线一扎；他的手马上进婴儿嘴里，很努力地把所有脏东西挖出来。如果有一点留下，等他开口一哭咽下去了，中医叫胎毒。据我的研究，现在西医认为癌症一类是遗传来的，另一类是完全因为胎毒没有挖干净，很容易变癌症肿瘤。

最近有个病例，有人告诉我，她甥媳生了双胞胎，两个生的时间差很长，一个先出来，后面又出来一个，前面那个来不及挖胎毒，"哇"一开口咽下去了。那个婴儿很苦，很难过。花了很多的钱在医院里抽，抽了好长时间才抽出来，好像病人临死以前抽痰一样，把那个胎毒抽掉。我说抽不干净的，结果他们还是继续抽。这是岔进来一个例子。

你们在医院里生的，或者是在自己家庭生的，可能都没有挖干净。这个例子很多很多。很多不负责的医生，都是马马虎虎挖一挖就算了，太可怕了。其实我们这个生命很不干净，很痛苦，现在我们好像挖干净了，但是天天又吃进去，毒都向里头塞。真正修到禅定，最后，气满不思食，不吃东西了，里面真正是净化了。

圣吉：那怎么才能挖干净这个胎毒呢？

南师：就是用手在嘴里挖，快速进去，挖干净了，整个的拿出来，要快，不能等孩子咽下去，学过妇产科的知道啊。

胎儿在胎里就是靠脐带这里呼吸，道家叫胎息。脐带一

剪断，报气没有了，开始了后天的安那般那。所以婴儿一开口"啊……"叫"安那"，先出气；"啊……"的一瞬间，外面的空气从鼻子进来了，所以先"安那"出气，后"般那"，外面空气吸进来了，才开始后天鼻子呼吸，这个叫长养气，原来那个叫报气，这样交代清楚了吧！（有经典说法不同）

圣吉：一出娘胎的时候，开始用长养气了，那报身气还留在身上吗？

南师：对对，正要补充，你问得好啊！很聪明，发奖金给你。你这个问，如果是在佛经上就会记录：善男子，善哉善哉！问得好！问得好！

婴儿开始后天安那般那时，报身气还存在有作用，要到什么时候报身气才停了呢？差不多七个月到一年，所以婴儿周岁很重要。你看，婴儿躺在那里，鼻子这里有微微的呼吸，他肚脐眼这里也在动。真做工夫，修禅定，修到鼻子呼吸停止，肚脐这里的内部呼吸起来，这个道家叫"胎息"。

这里头还有个问题，从报身气到长养气变化的同时，婴儿的第六意识——思想、分别心，慢慢成长了，报身气就减少。所以思想执著越大，后天的感受、觉受越厉害，直到报身气完全停止，就交给长养气了。

有关心物两方面，思想越多，生命本来的功能损失越多，要禅定才可以修回去。所以一定要修"息"，到达了以后回转来，念头完全清净了，恢复原来报身气，才慢慢有一点进入禅定的可能了。

长养气，报身气，大致讲了一下，第三种叫"根本气"，也叫"种子气"，就是这个精虫跟卵子结合的时候，一个男

人排出好几亿个精虫，所以一个生命是许多亿的精子竞争赛跑，跑到前面，碰到那个卵，一吸进去，加上那个念头的动力，好像磁铁吸住了；这三种结合，叫"三缘和合"，成为这个生命。光是精虫跟卵子搞在一起，不能成一个生命，就是有生无命，一定要灵魂（中阴身）加入，三缘和合，搅得很快。使灵魂加入的那个动力，就叫根本气。这个很难懂了，要到最深的禅定，自己才看得清楚。

讲到这里，刚才有人问：这股力量就是佛学五阴里行阴的作用吧？没有错，"行"，这个动力，这是根本气，这个气最难懂了，就是入胎的时候这股动力，精虫、卵子、中阴入胎一搅，由那个动力来的，这是"行阴"。

有个比方，你们在座的都结过婚的，同我一样，都有过男女关系。你看男女到了最高潮、最快感那一刹那，也是最空灵的，好像后天的呼吸都没有了，就是那股力量，那就是根本气了；那一刹那，你就体会到"行阴"的力量了。这么一弹指，有六十个刹那，一刹那有九百个生灭（按：有经典数字不同），是很快的。所以男女贪图那个性的高潮快感，其实一刹那都没有，大家拼命在那里转。

再比方，像我们一个念头、思想还没有的时候，第一念动，那一念是带气的，那个是根本气了，不是没有作用的，这很难懂了。换句话说，勉强比方，当你睡觉睡得很熟，醒来第一念知道自己醒了，那一下，那一念是带这个根本气的。所以，心物一元在这里去体会。由此可知，思想情绪越多，气越乱。

讲到这里，有一个最关键的道理要了解，现在只拿人的

生命给你说明这三种气。其实任何一个物质的元素，佛学归纳是五大类：地、水、火、风、空，任何一种元素一动，那个功能也是"气"的作用。

你（圣吉）打个招牌专门出来，由你们麻省开始研究，我很希望你们西方有人懂得，不过东方也没有人懂了。

第三讲

南师：下午讲安那般那，简单讲三大原则：长养气，报身气，根本气。这个发挥起来，同现代自然科学、生物科学、医学、物理学等等都有关的。这个原则先要懂，至于修持的方法，详细的还没有讲。

下午讲到入胎，男的精虫，女的卵脏，同中阴灵魂，在佛学的专称叫"三缘和合"，不能讲它是元素，元素是唯物的说辞，因为元素是属于物理学的范围，这三个缘不是物理范围，而是物理与精神的结合，三缘结合就成一个人。

我们以前是讲精虫，现在研究到细胞，到基因，不过还没有停止研究，基因后面是什么，还等后面的科学再去追寻了。现在先讲到这里。

这个生命勉强说是心物两方面的结合，所以中国的文化说，是心物一元，一体的，一体两面的功能。中国上古，五六千年以前，讲的是阴阳两方面的结合，阴阳是两个代号；八卦，八八六十四卦，都是代号、逻辑，不是呆定讲某一个东西。这是讲生命顺便讲到的。

现在转过来讲，研究生命科学同认知科学，尤其你做修证工夫，必须要知道心物本来就是一元的。这个生命的构成，以东方文化讲，现在偏重于佛学这一面讲，实际上是个自然科学。所以我经常说，整个的佛学包括禅宗、密宗，是生命科学的一种，必须要认识清楚才好研究。

例如一个胎儿，以人的生命来讲，从唯心方面来说，一念无明就入胎。所谓一念无明，是中文的讲法，无明是假定的一个符号，一个名词。无明就是莫名其妙，自己搞不清楚，糊里糊涂那个状态。一念无明，接着一股力量就转动了，这股转动的力量属于行阴，就是刚才讲安那般那时，那个生命的动力，就入胎变成另一个生命了。

对于生命的认识，这个过程太麻烦，太微细了；譬如，我们一个思想，一个念头，一个感觉，一个反应，都是"识"的作用，其中这个"知性"的作用很大。

要怎么了解这个知性呢？在课堂上讲理论很麻烦，我们拿现实来讲就很平实。现在我们一圈人，围着这个桌子坐，蜡烛在中间，大家都"知道"嘛，都知道这个圆桌、这个环境、这个蜡烛。在知道这一切的最初一刹那，还没有去分辨它是圆桌、蜡烛、人等等之前，就是这一刹那，什么还都没有想哦！这一下一切都知道，这就是知性。这一刹那，没有加上一个思想，没有觉得这是谁在讲话，都没有加上分别、分辨；就是这一刹那，那个是"知性"。

这个清楚了吧！但是，这一刹那之间，意识的分辨作用立即生起了，刹那太快了，是个代号。六十个刹那是一弹指间，一刹那意识就有九百六十个变化，转动很快，是旋转型的跳动。可是自己不知道。每个变化连锁起来，就成为我们对一切的认知、辨别。释迦牟尼在几千年前讲，大概地讲，我们昼夜二十四个钟头，意识一共有十三亿的转动；每个意念都感应一个身（一个形象）。所以像某人一样，很累了，

打个呵欠，不晓得这个意识已经转了多少万下。

所以有些喇嘛、和尚啊，这些修行闭关的，做气功的，各种各样，自己认为，啊呀！我得定了，很清净啊，坐了几个钟头。实际上都在那里开运动会，不晓得跑了多少转了！如果以智慧认清楚这个，叫做般若，般若波罗蜜就是智慧的成就。

刚才讲气有三种，佛学把意念大致也分成三种：心、意、识。心是那个知性的本能；意是知性起的意念的作用；然后起了这个认识的作用，认知的、分辨的，叫做第六意识或分别意识。

胎儿在娘胎里有没有思想？有没有意识？胎儿有心（第八识）、有意（第七识）的作用，但没有第六意识。胎儿到第三四个月以后，第六分别意识起来了。所以胎儿在第五个月的阶段，对外界的讲话、动作，外界的环境，他一概都知道，都清楚了；不过没有很好的记忆，一下就过了。现在生理医学已经知道，胎儿在母胎里有分别意识。

佛经上说，如果这个胎儿在娘胎里，由开始到第三四个月还有很好的分别意识，还记住前生怎么来入胎，或者完全记住在胎里头如何如何，这个就是大修行人，不得了，这个才叫活佛转生。可是看现在有些活佛，都是糊里糊涂的，哪有活佛？真正的活佛是入胎不迷，住胎不迷；尤其最重要的是出胎不迷，这三个阶段都不迷。所谓不迷，就是生出来对过去的一切，读的书，一切知识都记得，完全清楚，不过假装糊涂。

所以，每一个胎儿生下来，变成婴儿，婴儿长成孩子，孩子长成大人，他的习惯、思想、动作、个性，一切都是过

去生生世世所带的种性，丢不掉的，是自己业力带来的，自己则完全糊涂不知道；所以每个人才会思想、习惯不同。要研究胎儿的个性、教育、习气，问题牵涉很广。

胎儿在娘胎里头，固然很沉闷很痛苦，有时候，健康的胎儿在娘胎里如梦境一样，蛮好玩的，算不定也有人翻译，有人听课，吃西瓜，什么都有，有时候开运动会。所以有时候，怀孕的母亲觉得孩子在肚子里动，很不老实，那是他跑到运动场去赛跑，开会，骑马，玩这一套，他在里头是另外一个世界。这个观念，也很广泛的，有高山，有流水；或者妈妈吃了一口冰淇淋，在他来讲，哟，下雪啰，好冷哦，他的境界就出来了。

胎儿的意识虽是另外一个境界，不过一切都是幻境。所以中国文化，五千年前的教育就是从胎教开始，女性一旦怀孕，一切生活、思想、环境统统要改变，这是胎教。出生后是家庭教育，再到学校教育；学校教育是最后面的，最差等的了。

现在讲胎儿在娘胎里的两个重要问题：一个是思想，一个是感觉。感觉，佛学的名称翻译就是"触"。这个触就是思想跟物理接触，跟五大地水火风空的作用接触。我们这个思想，在胎里跟母亲的接触，乃至跟外界的接触，一切都是触，有感触，有受。触受，一切的感觉就靠物理、心理互相作用，才发生感觉的作用，叫做触受。

由触产生受，受又分五类。一种是"苦受"，不舒服，痛苦的；相反的一种是"乐受"，舒服的，快乐的，愿意接受的；还有中性的是"不苦不乐受"。等于我们现在坐在这里，大家饭吃饱了，天气温度也刚好，自己在听讲话，身体

没有特殊的感受，就是不苦不乐的受。再加上情绪、心理影响的，或烦恼，或忧愁；喜欢或者是不喜欢；大概这五类，是由触所发生感觉来的。

胎儿在娘胎里，没有外面的光明，他自己里头有一种光明；不只有光明，也有黑暗，也有彩色。那么，这个光明、彩色是怎么来的？就是刚才我们讲的，生命的精神跟物理结合来的。

物理是五大类地水火风空，物理这个物的变化，变成实体的物质，现在科学所谓的元素，什么氢、氦、碳，等等，已经就是地水火风空等五类大元素，变来变去的结果和现象。

所谓地水火风空，是用人类熟悉的自然界现象，来代表五类不同的物理作用：地代表坚固作用，水代表湿润作用，火代表温暖作用，风代表动，空代表无障碍。这个我们提出几次，不需要解释了吧？或者彭嘉恒解释一下。

有一个道理注意啊，心理这个本体是不生不灭，永恒的存在；物理也是不生不灭的，它起的是波浪式作用，也是安那般那生灭法，它起的作用，也是不断不常，相续的一个一个波动，但是本体也是永恒的，不生不灭的。

这个听得很痛苦吧，不是很容易懂。这样吧！我们变一个方式说，有一个原则先认识，是讲有十种东西：地、水、火、风、青、黄、赤、白、空、识，翻译成中国的名称叫做"十一切入"，十种一切入，有十种功能，在任何东西任何地方，都可以这样穿入透过的；入也就是进出，进出就是安那般那。地水火风，这是基本的物理；青黄赤白是地水火风的变化；空没有变化，空在中间；识，是心意识认识认知的这

个"知性"。这十种，随时都穿插来来去去。

现在听了，有一点认识理解没有？没有理解，就变一种方法，不要白讲了，也不要硬记，必须理解吸收了才行。

大家休息一下，我再补充，你们休息时会想的。现在我们坐在这里，这个外面的光色，青黄赤白都进入我们的脑子，穿插全部细胞，尤其脑子，地水火风空都在与我们交流交换的，随时进入，随时出去，这叫十种一切入。

某董：青黄赤白同地水火风空，没有对应的吧？

南师：有对应啊！都是地水火风变化的。

某董：都是它变化的？地变化为青吗？

南师：不是那么呆板的。每一种都有五六种变化，同念头一样啊！一个念头一刹那间有九百六十种变化的。

这个理解起来很痛苦的，休息一下吧。

某秘书：老师，这十种一切入，它们彼此之间，也是互相一切入的吧？比如四大性离，虽然性离，但彼此也是交流、互入的吧？

南师：嗯。譬如水乳性离，牛奶跟水各有不同，但是彼此混合在一起。包括细胞、精虫、任何物质、宇宙里头一切，都在十一切入中，都是这样。这个同脑神经反应、思想的反应，都有关系。尤其修安那般那，要知道"十一切入"。

女居士：上海这个天气奇怪，湿湿的，可是感觉很上火。广东人认为这种天气最毒了，湿毒。

南师：这是水火不济，受外界水火还有风进来，从这个你要体会十种一切入了，都有密切的关系，最毒的天气可以毒死人。

第四讲

南师：我们生命所带来的，自身的物理部分，同物理世界一样的，中文翻译的名词叫做"色法"；包括物质物理的变化，同一切光色的形象。不必我讲了，显色分十二种。彭嘉恒你就讲吧。

彭嘉恒：我普通话不好，要普通话好一点的讲吧。

某秘书："显色"分十二种，显色就是明显的现象，有十二类：青黄赤白，云雾烟尘，明暗光影。

南师："尘"，已经变成物质，结成颗粒了，譬如内蒙那里的沙尘暴。这十二种是明显的现象，叫做显色，是归纳性的十二类。"影"就是影子，什么影子？就是前面那些显色的反影，要回转来，这样理解。有光，有影像。

还有形色呢？

某秘书："形色"就是形状，归纳性的有八类：长短方圆，高下正不正；不正就是歪，与正相对。

南师：高下的下最好改成低，高低相对，这样容易理解。刚才讲的是这个形色、形象，构成形象了。

某秘书：下面是"表色"，表现一个动作、一个行为的，归纳起来有八类：行、住、坐、卧、取、舍、屈、伸。

南师：那么加起来，显色、形色、表色一共二十八种。现在是简单的归纳，不分析了。你在静坐的时候，身体四大

的变化，这些现象都会出现。当现象出现时，你都要认知清楚，这并不是外来，也不是习气，一般人当成特异功能啰！

有时候坐着觉得身体长得好高哦，或者变矮了，都不是的，这是物理的变化，生理四大的变化，必须要认清楚。详细分析的话，慢一步再说。

所以在修禅定时，那些现象上的变化，一切不要有神秘想法。神秘观点都是错误的认识，那就变成了宗教，神秘学，或特异功能；那都搞错了，最后毁坏了自己，心性遭遇痛苦。从佛教观点来说，是有果报的，有坏的报应的。这个四大生理的变化，是偏向于感觉来的，如果认知不清楚的话，就成为错误观点了。

还有些现象，也是四大的生理变化，这是一种触受的分类，也有三十四类的变化现象。

某秘书：老师刚才说的这三十四类变化现象，其中有三十种，是"所触"；另外四种，地火水风，是"能触"。

南师：所触，就是感觉的状态；能触，就是那个使感受发起的功能，好比电力公司发电的那个功能。

某秘书：这三十种所触，是地火水风四种能触所发起变化的感觉状态。地火水风四大，是这三十种感受发生的来源。

这三十种感受是：轻、重、滑、涩、软、硬、缓、急、冷、暖、渴、闷、力、劣、饥、饱、痛、痒、胀、麻、粗、细、酸、黏、老、病、死、疲、息、动静。

南师：轻——有时候打起坐来觉得很轻灵。

重——有时候好像觉得饮食不对啦，或者气候影响，身体重得不得了，拖不动了，有病了，等等。

滑——皮肤润滑。

涩——有轻微的障碍，里面呼吸走不动，也是涩；里边呼吸很灵通，也是滑。

软——有时候身体变软。

硬——有时候坐在那里很僵硬，不动了，坐在那里下不了座。

缓——动作很缓慢。我告诉大家我的经验，那时我还是三十几岁，忽然发现，拿一张纸，怎么用力都拿不住，拿起笔来都不会写字，我说，完了，学了半辈子，人变成这样了！如果是你们就吓死了。

急——变得很急性子，像很多人那样。

冷，暖，渴。

闷——人发闷，思想都动不了了。

力——力气非常大，我年轻时，有时候感到力大无穷，一拳打出去，可以把泰山打翻。

劣——没有力量了，与缓有区别，很微妙的。

饥——有时候用功，随时觉得肚子饿。

饱——好像吃饱了一样，不想吃了。

痛——身体疼痛。

痒——浑身发痒，有时四肢百骸都在痒。

胀——发胀，气都充满了。

麻——比如腿麻，或者哪里麻。

粗——一下子觉得身体都膨起来，那叫发粗了。

细——一下瘦了，快要死了一样，你们会吓死了。

酸，黏，老，病，死。

疲——疲劳。

息——休息了就是息嘛。

动静。

这些是说明生理感受，触受，感觉这部分。如果做大的科学研究，做物理试验，需要很多仪器，要用仪器来表达，跟心念两个配合，研究用功的过程，显现出的这些现象。你是正式修行用功，不是像他们那样搞起来玩的，像卖膏药一样，盘个几分钟腿，表演一下气功，也叫做修禅定打坐，其实毫不相干，当然也有一点点作用。

如果正式修行，这些现象都会出现的，理念上先认识清楚。这种现象出现的时候，维持多久，每个人不一定。这个境界有时候力量很大，你不认识清楚，有时候会被这个境界拉走，也就半途而废了，就是所谓"为山九仞，功亏一篑"，十层楼梯爬了九层半，一下整个垮了；因为认识不清楚，被现象拉走了。这还没有详细讲，下次再讨论。

你（圣吉）刚才一两个钟头里，很痛苦地把这些听完了。这个中间你注意哦，他没有提到光，只提到色；色的变化只有青、黄、赤、白，也没有提到黑哦，黑属于深青色。你们如果研究太空，当太空梭快速离开地球到太空去，有些地方是天青色，有些是白色的，很强的。所以天青色是色，不是光；光是能，是色的来源。

譬如念佛，阿弥陀佛是无量寿无量光。光没有生灭，永恒存在，那是色的来源。这种色，青黄赤白，七彩的色，十彩的色，是光能的现象变化的排列不同，颜色不同，光源是一个。光的寿命无量无穷，所以说心光，心念的光，同地水

火风物理的光，是同一功能来的，这个光源是不生不灭的，永恒存在，他这里没有提。所以，什么是阿弥陀佛？翻译成中文，就是无量的寿命，时间的无量，光明的无量，光寿无量就是阿弥陀佛。南无就是皈依，皈依就是把全身心生命投入进去。皈依什么呢？把生命投入到哪里呢？投入到无量的时间、无量的光。这个是大科学了。

所以现在只能简单地给你做结论，我看你们太累，明天圣吉要去上课，下一次有时间再来好好研究，这个要等好好学的时候，再好好讲，也要配合工夫一齐讲。

所以如何修禅定，达到虹光之身的成就，把这一切都认清楚了，修安那般那，定久了，以禅定身心的变化，把四大整个变化，地水火风四大的功能，以及这个光力、光能都把握到了，一念起，身体就变空，变成无量寿光，化成虹光了。大家都累了，讲到这里为止，好吧。

某问：老师，黑色基本上不是光吗？

南师：没有黑，深青就是黑，不是光，是色，一种色。

某问：它背后是光？

南师：不是背面，这个中间就有光。

某问：光是色的来源？

有问：光反射到物体变成各种色。

南师：不是反射到物体，没有反射到物体，是光本身呈现的现象。至于色，反射物体的变化就大了，各种各样。阿弥陀佛，前三字阿弥陀是无量的光、无量的时间，佛是觉性，是心性方面的。

圣吉：刚才讲到心物一元，心和物都是不生不灭，心物

上面那个是什么？它们的中间是怎么回事？我不大明白。

南师：是很难懂的。心物两个本来一体的，心物是一体的两面。从心性的本体来讲，现象是生灭，能起生灭现象作用的是本体，本体是不生不灭。这个本体起来的一体两面作用中，心性本体不生不灭，现象是生灭；物理的世界地水火风的变化作用、现象，也是生灭，而物理的本能，也同心性的自体一样，也是不生不灭。在起作用时，心物两个结合在一起；至于两个如何扭结在一起，刚才在讲入胎时，讲到根本气的时候已经提过。要详细地研究。我看你们今天精神都不够了，智力已经差了，力量透不进来，一切都入不进来了。吃了饭以后，脑子里气都下来，到胃上变成浊气，下来帮忙消化，脑子更不清楚了，你们都听得昏头又昏脑。下一次吧！这几个问题，大概你回去研究一下都会理解。如果还不能理解，你传真给彭嘉恒，我再答复你。休息休息，轻松轻松，诸位昏脑菩萨，休息。

圣吉：关于那个"六字诀"的方法，我还不熟悉。

南师：那六个字不要发声的。你（某老师）可以告诉他，到里面去告诉他。

有两位是临时参加的，初步接触，先有个常识，慢慢来，孩子是七天一个变化，慢慢长大的。我们放轻松一点，吃点水果啊，吃点糖。

有问：十三亿个意是怎么回事？

彭嘉恒：一昼夜的时间中，意的变化有十三亿个变化；一刹那，意有九百六十转，一个意感应一个身。

南师：所以，男女之间的爱情怎么靠得住呢？一刹那，这个意就有九百六十个转啊！

整　理　说　明

　　彼得·圣吉博士在二〇〇六年的春季，曾前往上海，与南师怀瑾先生晤面，并趁机参观位于苏州庙港的"太湖大学堂"。当时该处已接近完工了。

　　就在那个时候，彼得·圣吉博士提出计划，企望于十月底，偕同 ELIAS（Emerging Leaders for Innovation Across Sectors）团员前来大学堂参访研究，并请南师对该团发表讲演。

　　圣吉博士一行约三十人众，即于十月底到达了太湖大学堂。团员来自十二个国家之多，包括了联合国的专家顾问，各国企业界的领袖，学术界的菁英等；有医生、学者、行政人员、社会人士……彼等工作领域多为环保、能源、疾病防治、国际合作等，均属对人类社会关怀性质。

　　这本书就是此次南师讲演的记录。

　　关于"太湖大学堂"，那是南师多年前的理想与筹划，六年前始得破土兴建。该处占地二百余亩，就在上海西南一百一十公里，及苏州之南七十公里地方的太湖之滨。

　　那里有一望无际的如茵草地，桃李芬芳，有孔雀漫步，有鸭群逍遥，还有太湖的月光……太湖三万六千顷，月在波心说向谁……

　　目前大学堂完工使用的有行政主楼、客房楼及讲堂楼三栋。

行政楼有办公室、图书库、客厅等。客房楼一层为餐厅，可容纳百余人，二、三层为五星级客房。

特别值得一提的是讲堂楼，一层是讲堂，第二层为可容纳二百多人的禅堂。这个禅堂，在空气、光线、音声、温度等各方面的精心设计，可称独步世间，有识者评为前无古人之创举，应属中国禅文化一大进步。

至于大学堂暂定的运作方式，略有几个特点：

（一）非一般学校性质，采取与中外大学或文化团体签约，对特定主题进行合作。

（二）致力于新时代中华传统文化的研讨与发扬，倡导深化基础教育及社会教育的重要性。

（三）放眼世界，推展中西人文科技文化实质的融会贯通。

（四）对于宗教文化，重点在学术及实证，故不举办宗教性活动。

大学堂自二〇〇六年七月开始运作，半年中举办了多次活动，并已与国内外共六所学院签订了合作计划。

由于大学堂尚属初创阶段，工作及人员并未完备，目前仍无法接待一般访客。南师日理万机，亦无暇对任何个人进行指导了。

近年来，有关南师行止，各方多所关心询问。现趁此书出版之际，略述情况，以答谢各方关怀之热忱。此后有关大学堂的活动，仍将继续报导，以飨读者。

刘雨虹　记
二〇〇七年元月于台北

为 ELIAS 讲课

时间：二〇〇六年十月三十一日至十一月三日

第一讲

诸位先生，诸位女士，我年纪大一点，就是中国的一个词叫"老顽童"。我很高兴看到诸位，因为我们的老朋友彼得·圣吉对我有偏爱，所以才有这次与大家的相会。但是偏爱是靠不住的，因为那是主观的啊。

由于他的关系，就把诸位请到这里来了。我们这个地方是刚开始，一切都不完备，不周到的地方请大家原谅。

彼得·圣吉多年来跟我讲了很多问题，他主要是想学习心性的修养。由于他尝到了一些甜头，所以希望与大家分享，这是他个人主观的想法。

当他去年来的时候，我曾说希望他建立一个新的科学研究系统，一个是生命科学，一个是认知科学。这两个科学的研究，世界上刚刚开始，好像名称很新，实际上是人类一个老问题。这些研究虽然是刚刚萌芽开始的，但是世界上的科学、宗教、哲学，始终都在这上面转，至今还得不出一个结论来。彼得·圣吉的意思，是要我和诸位谈一下有关这两个题目的一些问题。因此他邀约各位贵宾到这个地方来。

我看了各位的背景，感觉到每位都有救世主的思想。以诸位的抱负，关心致力解决全球的能源问题、污染问题等等；通过这些问题，我看到诸位都有耶稣的伟大精神。一看到昨天各位的作风，更为佩服，都没有矫揉造作，一个个表

现得都很自然。

但是综合起来研究这些问题，不是三天五天或几个小时能够解决的。我没有学问，也没有什么了不起的见解，只是年纪活得大一点而已。但是以老年人的经验，读了一辈子书，看到宇宙人类只有一个字："变"。

中国有一本老书《易经》，是有关一切治世的书，上面画有八卦。世界上人都把它当成神秘学来看待，其实一点都不神秘，而很普通，是人类思想的来源。我认为《易经》这本书，是上个人类文明时期的文化，用八卦图案作代表。《易经》包含的意义只有五个字，发挥起来的作用，每个字表达的含义都是好几部大书，这五个字中文就是：理、象、数、通、变。

"理"是包括一切事物发展变化的法则、原理。

"象"就是宇宙各种万有的现象，包括一切人类生活的发展。宗教、哲学、科学与万有的现象都各有关联，是互通的，也就是中文讲的"息息相关"，生命活着随时有关联。

"数"是数字，比如一个"零"，再到"一"，一加一，一直到九，到了十就是一和零，零像是没有，但也包含了所有。

"通"是能够知道过去、现在与未来的发展。

"变"是变化。宇宙万有随时随地每一分每一秒都在变。等于我们人，思想、情绪、感觉，每一分每一秒都在变，没有不变的道理。至于宇宙万有变的法则，明天会变成什么，是有一定规律的。

这个规律的法则可以找得到，不过大原则是：物理世界

也好，精神世界也好，总而言之，没有不变的事情。刚才提到认知科学的基本也就在这里。

重点是，我们要能够首先认识怎么变。如果知道了变，跟着变，那就差一点了，没有智慧了；如果宇宙万有人类所有的变化已经过去了，自己在那里埋怨，忧伤，再想办法补救，那就是普通人，也没有智慧了。

所以认知科学和《易经》的关联，就是首先认识变、能领导变，这才是智慧之学。现在我们这样讲，似乎太严肃了。先讲两个笑话给你们听，大概就知道了。

譬如我们等公共汽车，每人都想第一个上车坐前面的位子，有的人赶不上车，拼命骂汽车为什么不等我，气得不得了。第一流有智慧的人，算好时间车子一到，就先上去了；第二等人是和大家一起挤上车去；第三等人排在最后，上不了车，车子一开，后面臭气放出来，只好在那里骂。

如果我们知道了世界怎么变，诸位自己要准备好如何应变。

第二个故事是英国人的故事：有两个好朋友，站在那里等公共汽车，很讲礼貌，都想让对方先上去。车子来了，两个人推来推去，你先你先，结果车开了，不管他们了。

第二次车来了，他们还是你先我先，车子不等又开走了。

第三部车来了，他俩都想把对方推上去。司机看着很讨厌，结果车开了，把两个人都压死了。

死后两个灵魂去投胎，因为感情太好变成了双胞胎。到生产的时候，两个人在里面还是你先我先。医师拿听筒一

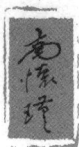

听，糟糕了，他们又在里面谦让，你先出，你先出（众笑）。

这个故事就说明，人类的智慧是要知道如何先行应变。不管宗教、哲学、科学，有两个重点要注意：一个是时间，一个是空间。

不过提到这两个问题，又牵涉到科学了。究竟空间是时间造的，还是时间是空间造的，这个问题到现在还在争论，还不能确定。

事实上时间、空间左右了一切，我现在告诉大家，我们中国的传统文化《易经》，把时空并用，它是一体的两面。

譬如我们人类的发展，刚才提到《易经》里的"理象数"之中数的重要。讲到这里，又牵涉到另一个问题了，数理在中国民间叫"数理哲学"，世界上有没有数字？这又是一个问题了。

我们学数学，那个"零"是什么都没有，但又代表了不可数，无量数。也就是说，它不是"有"，是"空"的；但它又不是"空"，也是"有"。

从零的开始是一，世界上万有是一，没有二。一直到几千万仍然是一。所以时间空间一变，万有就出来了。

譬如我们诸位，一动念，要到亚洲来，到中国来，因为听了彼得·圣吉讲来讲去，就是这一念一变，变出那么多过程、那么多现象。

所以说，这个是数理观念，可是数字有没有一个固定的法则呢？当然有一个固定的法则；前面我们简单概括地给大家介绍，这也是属于科学的范围。

以"六"为一个标准，不论六点、六分乃至六百年、六

千年，时间的变化六年一变。用这个法则看，国家、地区、家庭以及自己的心理状况，都逃不过这个法则。

两个六年就是十二年。我们中国有句老话，十二年是"一纪"，三十年叫做"一世"，这个观念和西方文化观念不同，这是我们中国的"世纪"。譬如我们现在是二〇〇六年，六年以前是二十世纪，这个是西方文化的名称，以耶稣出生来记数。如果依希腊、印度、中国这几个古老国家的文化来看，就不是这样了。

扩大起来，六十年、六百年、六千年，人类文明随时在变，而且是非变不可。只是大家在变中忘记了变，忽略了变。

譬如我们诸位担心世界的未来怎么走，人类能源问题啦，经济问题啦，战争问题啦，很多很多问题；但是自己忘了我们就在变的当中。只不过你没有办法改变现有的"变"罢了。你们诸位都知道中国的儒家和道家，孔子是儒家的代表，老子是道家的代表，这是中国传统文化。后来加上印度释迦牟尼文化，形成了三家文化，引导了中国几千年。

儒家对时代的转变，原理是清楚的。以孔子、孟子的教育来说，认为世界越变越不对了。儒家的精神有四个字"中流砥柱"，先说这四个字，然后讲内容。

所谓"中流砥柱"，是说像黄河、长江那样大的洪流，那个水势是挡不住的。但是儒家的精神，硬要站在中间，要把它抵住，挡住洪水下流。

道家呢，不是这样的，道家认为这样没有用，你站在时代洪流的前面，想挡住是不可能的。你越提防，洪流力量越

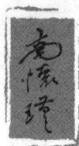

大，会把你冲垮。所以道家是四个字"因势利导"。

因为时代的大洪流这样走，你站在中间挡是挡不住的；你只能计算它水流的速度，计算流到什么地方变弱了，再在那里轻轻引导趋势方向，才不会出事。

我看你们诸位都用这个方法吧！你们担心这个担心那个，都想领导时代，所以非常佩服你们。

至于佛家的办法就不同了，反正开始奔流以后，随时在变，很快又开始另一个时空了。不论如何变易，最终一切都是没有，来去皆空，你放心好了。

所以我们了解了诸位的做法，我主张，先要认识原则，然后再找出出路来，并把个人的思想和修养定一个方针再作调整。

第二讲

我刚才是无话找话说，因为我问彼得·圣吉，你们大家来了，要我讲什么？他每次都说随便你讲什么都可以。所以，你们如果不满意只能怪他了。

根据刚才讲的，有关"变"这个问题，我给大家介绍一下，实际上我们中国也有很多人不知道。人类的演变法则与趋势，就在孔子研究《易经》的两篇报告中，叫《易经系传》的上篇和下篇。

上篇是讲宇宙的开始，叙说物理世界和精神世界跟着时代如何演变，这是一篇很完整的报告，可是大家几千年来没有去注意它。

下篇是讲由人开始，人有两个，男人、女人。我这里又岔出来说，在四百年前中国的一个文学家说，整个人类只是演了一出戏。演戏的只有两个主角，一个男的，一个女的。

孔子的下篇报告就是讲这两个人，两个人变成夫妻，夫妻变成家庭，家庭变成社会，由社会演变出一切问题。演变下来，越变越坏，最后变成什么？就是还原。

研究了我们社会的变化，没有逃过这个原则的。至于释迦牟尼的看法，是把这个世界归纳成四个过程：成、住、坏、空。这个说法，和人的生命四个阶段一样：生、老、病、死。

我们今天的世界，今天的人类，已经走到第三个阶段，走过了成、住，快要到坏的阶段了。而且这个中间都有数字的，多少年一变，都很清楚。

所以我告诉世界上的学者，不研究这些东西，会活得很快乐；但是如果真懂了这些东西，我们则会活得很自在。

再岔过来讲一句话，现在很多年轻人问我，人生活着有什么意思？我开玩笑地答复三句话，也不是玩笑，是真话，那就是：莫名其妙地生来，无可奈何地活着，不知所以然地死去。

听起来很消极，很像笑话，但是现象就是这样。

假定再问，人为什么会莫名其妙地生来呢？这个问题大了。为什么不知所以然地死去呢？人类究竟有没有生死呢？这都是严重的问题。

我告诉年轻人，世界上有两派学问，很古老的，现在很少人去研究它。一个是中国道家的一派，一个是印度佛家的一派，认为生命是可以自己做主的，人不一定会死，可以永远活着，那叫"长生不老"。但是这中间有个关键，就是这个能源所在的地方。

譬如昨天晚上我碰到这位医师和那位女士，讲到艾滋病的问题。我说艾滋病不是那么的严重，人类从生来就存在，不过现在强化了一点。但是却没有医生或学者，研究发动自体本能，去自我治疗的；如果得艾滋病的人，不害怕不忧愁，认识清楚学理，自己是可以治疗它的。当然各种科技的办法，可以使他减轻痛苦。

认识自己生命的能源，那就是认知科学的范围了，以自

己的坚定意志，生命是可以经过修养而改变的。

现在的人类，我常说的，可怕的不是艾滋病，而是精神病，也叫做心理病。十九世纪对人类的威胁是肺病，二十世纪对人类的威胁是癌症。但是大家不要忘记，二十世纪已经过去了，全球六十亿人口，死在癌症上到底有多少人？数字是不能全部形容的，事实上也没有那么可怕，是医学宣传得太厉害，人类才感觉害怕。

二十一世纪的最大威胁是精神病，尤其是电脑网络的发展，非常快，也非常可怕。这个发展下去不到十年，把人类都导引到幻想、精神病的世界；可是你阻止不了，什么教育、什么医疗都阻止不了。这是一个大问题，比战争还可怕，比什么氢弹、原子弹还可怕，诸位要做环保的，在这个地方要注意了。

但是人们对科技也是无法阻止的，科技发展必然会向前走，认识生命科学的教育还没有普及下去。照古老的希腊文化讲，借用柏拉图讲的，一个精神世界一个物理世界，这个二元世界的统一，要靠精神世界领导，才能自己统一。说到这里，我们必须回转来讲知性的问题。

人为什么有思想？人为什么有感情？这个感情、思想是一个来源吗？是二元论还是多元论？这个思想感情究竟是不是脑的作用？扩大一点讲，是唯心作用还是非唯心作用？这就是现在讲的新名词"认知科学"。

在上个世纪的欧洲，这个不叫做认知科学，而是叫理性的认知，康德的哲学也谈到这个问题。这些问题都不能推论下去，推论综合起来，会有更多的问题。现在我们再倒转来

讨论。

白天的思想和夜里做梦有什么关系？梦，白天夜晚，哪个是真的？哪个是假的？我们人的理性和情绪是什么样的关系？生命活着和睡眠这两个又是什么关系？我常常提醒人注意，我们人是怎么样睡着的？又怎么样醒来？大家都不知道。究竟是脑的部分睡着了，还是别的部分睡着了？也不知道。

第三个问题就是，人是怎么生来的。现在都说是基因的关系，但是在基因以前又是什么？宏观来讲，地球又是怎么来的？关于这些，有好几种讲法，现在都没有定论。

缩小范围来讲，我们的思想感情在白天有个知道的作用，这个知道的作用不属于思想哦！我们的思想情绪后面有个自然知道的东西，这个知道的东西并不是从思想出来的哦！

只要我们一睡醒了，或者一个婴儿才生下来，肚子饿了知道吃，难受了知道哭，这个"知道"不是思想哦！这个所谓的思想，分析起来大概有六个部分，第一个叫"根本心"，是我们自己动念要做一个事最初的动机。

我们这个根本心一作用的时候，同时伴随了一个功能，叫做"随行心"。

譬如我们看到一个好吃的东西，就想吃，那个是很本能的，这是"根本心"。但是这个东西我想吃，可不可以吃，不知道能不能吃，这个是跟着来的，这是"随行心"。

第三个心是连带着来的，当着这么多人不好意思，吃了怕人笑话，心中起了很多差别的观念，这叫"伺察心"。

第四部分作用，也是同时来的，自己决定要吃，肯定要吃，叫做"确定心"。

第五是"总摄心"，把伺察差别意识，总归于根本心，而产生了行为，去吃。

第六"希求心"，然后吃了很好吃，想办法把它变成一个商品，使大家觉得好吃。

所以说我们这个思想，一秒钟同时有五六个部分在起作用。

但是从根本心一直到希求心的每个转动，自己都"知道"，这个"知道"很自然的，本来就在，也没有丢掉过、污染过。思想不是"知道"哦。思想与"知道"都是心的作用。

像诸位在世界各地跑来跑去，做了那么多好事，都是这个知性的作用。但是，为什么到了老年这些就没有了，而变痴呆了？一般说是脑神经毁坏啦，老啦，那是物质的作用，现在科学的探讨还是不彻底的，你不要完全相信。科学家是没有定论的，今天了解到这里，明天有新发现，就把昨天的推翻，对于衰老和死亡以前那个知性，根本就不认识。

这两天彼得·圣吉来，在你们诸位没有到之前，他非常用功，研究中国文化的《大学》。我说这个非常好，可是你暂时不要研究，先把知性的问题搞清楚。知性问题与生命问题是领导我们思想最重要的一个东西。这个东西，我们人类可以用自己的修养认识它，不是靠物质文明，也不是靠机械认识。

第三讲

说到翻译的问题，假如两个国家的总统坐在一部车子上，国际礼貌规则，讲话都是用本国的语言，对不对？翻译也各坐一边，讲一句，马上翻译一句，只把话翻译过来，不加自己的思想，加自己的思想就不是一个好翻译了。

我讲一个现代翻译人的故事。这是海峡两边的事，蒋介石你们知道的。有一个美国的海军上将作为大使来访问，因为蒋介石是军人，所以美国派一个军人来访问。两个人坐在一起讲话，那个时候国共两党在打仗，炮声轰轰。这位美国大使讲：不要这样打嘛！

蒋介石就很生气，讲话不理性了，因为他是宁波人，就用宁波话讲：一只碗不响，两只碗响叮当啦！

那个翻译官很聪明，他翻译说：one bowl no sound, two bowl dingdong。不加自己的思想，这个美国大使也听得很清楚了（众笑）。这是讲你们做翻译的原则。

刚才我们吃饭以前讲到人的思想问题，这是生命根本的问题了，首先简单地告诉大家：我们现在一般讲的"生命"是个错误观念，为什么会是错误的观念呢？因为一般把人从生到死这一段时期叫生命，这是错误的观念。因为不止人，连其他的生命，也都是永恒的。所以天主教、基督教叫"永生"；中国的道家叫"长生"；佛教叫做"不生不灭"。很多

的观点说明了人类的生命是永恒的。我们由婴儿到老死，这只是生命的一个分段，是生命的现象，不是生命的根本。比如看一朵花，花开、花落、结果，明年又是花开、花落、结果，它是轮回永恒的。所以我们现在这个生命，由生到死，释迦牟尼讲的名称最准确，叫"分段生死"，不是"永恒生死"，这是我们借用他的话。

除"分段生死"以外，还有个"变易生死"，是变化的生死。

譬如我们生下来这一阶段，这是分段生死的现象。这里面还有变化的生死，我们每一分每一秒都在变化，睡了又醒了，不要认为这是睡觉、醒来，这也是分段生死的一个小现象。这里面有个变化生死：我们从小生下来吃奶，然后长大了吃各种各样的营养，吃下去的东西变成身体、变成大小便，都在变化。由小到老，每一天我们没有真正地自己存在，都在变化。

中国道家的庄子讲一句话：化腐朽为神奇。意思说，世界上的生命都是最脏的东西慢慢经过物理化学的变化，变成神奇的生命、华丽的生命。

譬如我们这里的好吃东西，吃进去过了喉咙就不知道好吃不好吃了，从喉咙下去以后，都变成腐朽、脏的了。可是它会变成神奇，因为它会转化成有思想、有头脑的动力能量。就是这样奇怪。

我们的本题是"思想是哪里来的？"我现在是解释"思想是哪来的"。前面这一段是讲生命是永恒的，不是指这个身体存在的这一段。

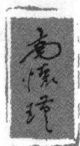

今天医学为止，只晓得人的生命是基因变化来的。我们也知道，现在科学研究，细胞可以由基因变化出来生命；现在科学是很惊奇了，像克隆技术，拿一个细胞变成另外一个生命。

人类的发明很了不起，对不对？可是中国四千年以前，修道的人就知道用打坐修道变化这个生命。道家说，变化出的另一个生命，叫做"身外有身"。

可是你不要问我知道不知道，知道也不卖的。古人早知道生命是怎么一个东西。等于我现在告诉这些医生科学家，我说基因还不是究竟，基因之前还有东西。他们说对。

不知道的东西我们先不要讲了，现在只讲我们的生命，一个精子进入卵子以后，受精卵就分别变化，像花一样，变两瓣，两瓣变四瓣，四瓣变八瓣，慢慢分裂开来了。像我们的心脏一样，拿出来一看，花瓣一样的四瓣八瓣。

可是这个受精卵为什么自己会分裂？后面的能源、动力是什么？是石油还是彼得·圣吉还是什么？搞不清楚。这是到今天为止的科学问题。

佛经上说，一个精虫，一个女人的卵脏，结合起来是不可能成胎的；要三个东西结合一起，才变成生命。就是由精虫、卵脏两个一碰上，再加入一个灵魂，变成生命了。否则不可能变成生命。

这个灵魂就来源于知性。所以中文佛学翻译很简单，叫"三缘和合"，三个因素，才构成了生命。

婴儿入胎以后，有没有知性呢？现在的医学、生理学，知道婴儿在胎里三个月就有思想了。

这一段的生命，世界上所有的学问，讲得最清楚的是释迦牟尼；孔子老子都不行。这一段是生命科学。

我们研究了觉得很惊奇，但释迦牟尼在两千多年以前，没有电脑没有显微镜，他怎么会知道？而且一个女性子宫向前的不能怀胎，向后不能，太冷不能，太热也不能，讲了好几个条件，好像释迦牟尼学过妇科似的。

他又说男性排出的精虫，有五种颜色，这更令人惊奇了，一般人见都没有见到过。第一流聪明的有能力的，精虫的颜色都不同，那个时代都清楚知道了。胎儿在娘胎里头三个月到五个月，已经知道外面的事，只是迷迷糊糊，容易忘记。

为什么说明这个呢？因为佛经上说这个知性是永恒带来的。

他说我们为什么会忘记了呢？为什么对过去的印象都没有了呢？第一个忘记是在入胎的时候；当入胎的时候，这个动力，一搅搅得很快的时候，就丧失了记忆。

但是圣人耶稣也好，释迦牟尼也好，入胎的时候没有忘记。这等于有些人生病开刀，不愿意上麻醉药，虽然哎哟、哎哟地叫，仍然很清醒。现在科学正在追寻，世界上有没有这种人。

第二个阶段，有些很有修养的人，入胎的时候没有忘记，知性还存在。十个月住胎的时候，受不了痛苦，就忘记了。如果修养有很高的功夫，达到圣人境界的人，他在这个阶段还很清醒，对过去的记忆都清楚的。

第三个阶段是生的时候，这是最痛苦了。修养差的人，

一生出来，前面什么都忘了。

诸位靠在枕头上时，好像还知道自己快要睡了，对不对？都有经验哦！等到快要睡着的时候，好像睡好像不睡，还有记忆。完全睡着时，没有记忆了。这同我们刚才讲入胎的现象差不多，这只是一个比喻。婴儿在胎中本来是坐着的，和我们打坐一样，到生的时候，那个生命的力量使他"哗"一个转身，头转向下面了。

婴儿生出来后，医生第一个动作把脐带剪断。这是现在人的处理。但是我们上古的妈妈可没有靠人，而是和动物一样，自己咬断的。

脐带剪断以后，护士戴上手套，在婴儿嘴里挖，有一大把东西在嘴巴里，挖出来丢掉。所以我常常吩咐现在的女性，要小心看看，护士把婴儿嘴巴里弄干净了没有，那个叫"胎毒"。如果有一点不清理干净，脐带一剪断，那个胎毒就咽下去了。

可是现在的医师不知道这个东西是"胎毒"，是胎儿带来的不良污染，最为厉害。我认为每人身体中都有一点这个脏的胎毒，当不健康的时候，癌症等病症就发出来了，除了修道的人以外。修道的人用十几年时间，可以把体内的毒净化，但是像清理环境污染一样，那是很困难的。

再说这个孩子刚生下来，脐带一剪断，一哭，呼吸就来了。

婴儿生下来时，只有一点大，几秒钟以内一下胀大了。实际上出生非常痛苦，"啊"一下就哭了，不像在娘胎里那个温度，又不要呼吸，生出来一接触空气，每个毛孔像插一

根针一样。

你想想看，婴儿在这个时候有没有思想？没有思想的话，他怎么知道痛苦？就因为他有思想！他早就知道，不过不会讲而已。

婴儿生下来，饿了晓得吃，也晓得活动。婴儿活动是玩什么？躺在那里玩两条腿，手不大动的。拿东西都拿不住，只蹬两个腿，他的成长在两个腿。

刚才我们吃饭以前，有人提到思想问题。婴儿天生就有思想了，不过呢，分不清楚。心理意识我们下午讲到，有根本心，但随行心、伺察心不强，也没有分别意识，也可以讲没有理性，只有知觉，直观的。

好，这个婴儿生下来受教育，我们大人要带他讲话，各种各样教育，他慢慢跟着学。这都是"污染"。所以你们学环境卫生，要婴儿不受"污染"，先要了解我们人类的教育；父母、社会、家庭的教育，都是后天"污染"。

中国人讲婴儿生下来，头顶上前面这里叫囟门。这个脑袋非常重要，现在大家还搞不清楚。婴儿囟门在跳动，他的表达只有哭叫；等到这个地方一封口，他就讲话了。第六意识分别，后天乱七八糟的思想都来了，而且都是世俗思想，拿我们现在讲的话，"污染"的思想都来了。

第四讲

我希望听听你们生来的经验，死去的经验。

OTTO：前两个礼拜，我跟五岁的儿子谈天，我问他最早能记得的事是什么，他说他不但记得自己出生，还记得出生前在妈妈子宫里的一些情况，不过他并不记得前一生的事。对于这个世界的初次印象，他记得有些动物之类的，在进入子宫时，感觉很暗很小，但并没有紧迫感，因为自己也很小。不知道别人有否类似的记忆，我们可以把这些记忆弄清楚一些。

BALAJI：南大师所讲的，对我都很有道理，一方面是我当医生所受过的训练，一方面也是我对印度教的了解。与我的女儿也有些类似的经验，愿与大家分享。在我妻子怀孕两个月时，我们就放一些特殊的音乐，以及一些灯光之类的安排，等到她一生下来，大约过了一个小时的光景，我们再放这个音乐，婴儿即刻把头转到音乐的方向。这就证明胎儿在娘胎时会听到，也学到，所以我们可以借胎教去丰富美化人的生命。

第二位刚才说的，他的太太怀他女儿的时候，放一些音乐，他们知道婴儿有些意识，证明胎儿在肚子里面还是很清楚的，所以好的胎教就可以影响孩子。

可能没时间让大家都讲了，现在讲的还是一小部分，详

细讲要两三天。这位医生提的很对，我主要是告诉大家，身体可以衰老，思想不会衰老。

刚才讲到胎儿。一个精虫和卵脏加上一个灵魂变成一个身体，生命是两部分构成，一个是肉体的生命，一个是精神的生命；但是肉体和精神现在搅在一起，大家自己认不清楚。

人为什么变成男的，为什么变成女的，为什么这个人喜欢赚钱，另一个人喜欢做官，一个喜欢做医生，一个喜欢做音乐家，这个是个生命的大科学。

生命从入胎起，到住胎，父母的遗传有没有关系？当然有关系，但是遗传的因素只占十分之三左右。而孩子的个性、思想是自己带来的，不是遗传的关系。甚至后天教育也只有十分之几，不是全部。所以同样一对父母生的两个三个孩子，每个都不同，双胞胎也不同。

分析起来，遗传的影响也是很细的，母亲方面占多少？父亲方面占多少？病痛方面占多少？很细很细。

现在再讲思想问题。孩子生下来，有后天的教育；讲到教育，我自己是中国人，我常常批评，我们中国三千年的教育，现在却根本不懂教育。

三千年以前，中国传统文化是从胎教开始，只要女性一怀孕，就开始教育，有一套方法，有一套理论，非常完备的。可是现在人们把它丢了。

现在后天的教育，尤其可笑，把孩子依托给学校教育，更是最大的错误。一个学校只是传授知识的机构，真正的教育不单是吸收知识，一个人的人格思想以及道德的完善，靠

知识是转变不了的。所以我最近主张"教育无用论"。这个不止对中国讲，全人类都是如此。

你分析世界上每个有所成就的人，从他年轻时的幻想，就可以看出来他未来的方向。所以教育有个原则，"性向教育"，就是根据个性的趋向。好的教育家看出来婴儿的天才在什么方向，就向那个方面培养他。

这个问题暂时也放在一边，另一个问题来了。我们的思想、情绪靠得住吗？这是个大问题。

比方来讲，一个宗教、哲学、科学，西方也好，上古的文化也好，那时教育不像现在的教育，上古的文化就是信教，信就得救了。

可是人的思想却不一样。你说信上帝，信一个主宰就得救了，你拿个可信的东西给我看一看，看了我才信。可是上古的宗教家不准你看，也像我们这里一个牌子一样，"非请莫入"，到此为止，谢绝参观。因此产生了哲学。哲学就是人们要加以研究，研究这个主宰究竟有没有？唯物的还是唯心的？由此产生了全世界几个大哲学系统。希腊的、印度的、中国的，这些哲学问题都来了，这是对宗教的探讨。

但是，靠人类自己的思想去探索，叫做"学问"。慢慢又发现，靠思想来研究生命的本来，思想靠不靠得住呢？因此由人的思想产生了逻辑。

如果靠思想探究生命的本来，先要确定这个工具靠不靠得住，因此产生对这个思想的处理。世界上有几个不同的文明，都是思想结论的冲突。

有人更聪明，说，思想是"我"造的，你认为这样，我

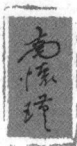

认为不是这样。所以思想是矛盾的。于是说，慢一点搞思想，先求证，因此有科学了。靠想出来的，不对。必须试试才对，现在的自然科学因而产生了。

几千年来东西文化虽然那么多的不同，但是宗教、哲学、科学却是殊途同归的，其根本的目标一致，三位一体，各擅其长。但是现在的宗教、哲学、科学，彼此要么不相干，要么互相攻讦倾轧，忘记了根本的目标，社会当然会乱，怎么可能和谐呢！

现在科学的分类，学问思想的分类越来越细，越来越精密。早年的医生，从前眼耳鼻喉是一科，现在分类细了，眼睛是眼科，耳鼻喉是另一科，将来可能左鼻、右鼻都会分开。只见树木，不见森林，更不见狭义科学以外的世界。

所以今天科学发展到这里，社会问题非常大。下午有一位问到这个社会怎么能和谐起来，以我看来，必须回到哲学、宗教、科学三位一体来研究。如果照现在的发展下去，没有办法达到和谐。你做环保也好，什么也好，都是白做的。因为世界上任何一个问题，牵涉一点，就牵动整个世界。

现在还是再谈思想。刚才讲到思想是个人生命自己带来的，婴儿脑袋一封了顶，开始有意识思想。后天的思想教育越来越"污染"，人年纪大了，知识越多了，思想"污染"也越多。

我是中国人，我代表的是中国文化，小的时候我们骂这些老头子，"老奸巨猾"四个字，越老越奸诈，花样越多，越靠不住。我年轻时也骂这些老前辈，到了三十五岁以后，

自己承认是老奸巨猾了。现在我八九十岁了，岂止是老奸巨猾，而且不是东西了。这就是思想的顽固，所以人生的经验越多越顽固，越来越"污染"，要想恢复到儿童时的那个天真活泼，就非常非常难。

真正的修养，是把自己恢复到儿童阶段的自然天真，那就干净了。如果修养恢复到那个阶段，也就不怕衰老，脑筋尽管老化了，但是智慧和记忆反而恢复得更好。

大家小心啊，我也许是卖膏药做宣传的，也许大家都想要，怎么样做得到？那是个大学问。这个就牵涉到脑的问题了。

我们把医学、科学都归纳起来，第一个是脑的科学。我们的生命是在头脑上面，看的、听的、呼吸的，都在这上面，下面没有多大关系。

这个脑神经跟着年龄而成长，以唯物立场来讲，人类的脑到何时才成熟呢？年轻人有时候思想脑力不到的时候，还没有成熟，真的没有成熟。一个人要到六十岁，脑的神经才完全成熟了，充满了。但是却像苹果一样，果子成熟了，落下地了，没有了。

所以现在要研究脑，最高的修养，中国道家有几句话：还精补脑，长生不老；炼精化气，炼气化神，练神还虚。

证人至少有一个，我做证人。我到现在的记忆力，比年轻时还要好，精力也更好。不过有时候，中国人一句老话，倚老卖老，故意跟你们装糊涂。

比如说，他们跟我很久的知道，六七十岁时，我的头发比现在白得多了，现在白头发少了。我现在还只做旁证，还

没有正式站出来做证。

这就是告诉大家，生命靠自己保养，照那个原理，生命是可以改变的。现在还没有答复你那个和谐的问题。我看今天晚上先谈到这里吧。不过你们可以喝茶喝啤酒，夜里我可以陪你们聊到天亮。早上就不能陪你们了，要工作了。夜里生命的活动比白天要多很多倍。

南怀瑾先生与 ELIAS 团员

第五讲

诸位要喝茶、喝酒的请自便，尽量放松，自由自在啊。

人吃饱了饭，头脑就不想想事，想睡觉，因为我们饭吃饱了，胃里需要消化，血液集中到胃部活动，所以脑部的血减少，就疲劳了。

今天你们大家自发地想静下来，不讲话。大家一定想，人为什么要不讲话静下来？其实静下来是不可能的，因为人要静，思想却不停。

有人提出来问我，为什么要静？为什么要学静坐？为什么要不说话？我以前带兵带学生的时候，我有很好的处罚办法。

第一个处罚的办法，不是骂人也不打人。只要叫他两手各拿一张报纸，手平伸起来立正，站一个小时。那很痛苦啊，你们试试看。

第二个方法，三天不准说一句话。也很痛苦。

还有一个办法更严重，把他丢到一个非常空旷的山野，什么东西都没有，那更痛苦。

可是呢，理解了这个道理以后，这三个痛苦变成最大的享受了。这是相反的道理。我可以告诉大家，因为后天生命的根本是个静态。

宇宙万有的一切活动是动态。太阳、月亮、万物都在动，这个世界如果不动，就毁了、空了。我们认为是死亡了，其实不是死亡，死亡仍是动态。

世界上有没有一个真正的静止状态呢？没有。所谓静态，只是一种缓慢的动态，一种延长的现象。

物理也好，生理也好，思想也好，没有完全的静态。

如果你们学物理的，学科学的学哲学的，很容易懂这个道理。所以静，是个很难得的东西。你看宇宙万物，譬如我们吃的水果、稻子、麦子、花木，是个静态的生长。静态是生命功能的一个状态。

换句话说，生命的能源从哪里来的？是从静态来的，从空来的。所以我们在妈妈肚子里十个月的生命，是静态的。

为什么我们白天忙碌，到夜里要睡觉呢？因为需要静态。脑筋不休息不行的。

以前的宗教，人跪在那里祷告一下，或者坐在那里，心里宁静一会儿。再譬如人病了，必须要去医院，为什么呢？不是医院的医生药物把你治好，是靠自己休息过来的，药物只是一种帮助。所以说，很多很多的道理，都说明静态的重要。

这个原理中国几千年前有个人，讲得最清楚，就是道家的老子。我现在告诉大家，老子有句话要记住，你们翻译时要想一想，要准确地翻译出来。

先说一下为什么我自己有这样的记忆力，因为小的时候受训练，喜欢看什么书都要记得，背来，都不靠本子记。这个就是宁静的修养。大家记忆力的衰退，因为事情多了，不宁静了。这是就我本身的证明告诉大家。

现在我背一段老子这本书，我讲原文，能不能翻译得很好，靠诸位了。

老子说："万物芸芸，各归其根。归根曰静，静曰复命"。

老子这个意思是说，天地万物的生命，"芸芸"表示大地上的草木非常多，数不清，用来比方万物。草木的生命力在根根上。为什么生长那么快、那么多？因为根根吸收了天地间正的力量。根是什么？是万物生命的来源。回归根才是静，能静才回归生命。这是讲静态的重要。

可是人的生命忘记了这个静，反而尽量用动态去消耗自己，等于世界上人类拼命消耗能源，早一点消耗完，就死亡了。

所以昨天讲到生命的来源，保持健康长寿，甚至想健康长寿，必须要学静。世界上每个宗教，学问家、哲学家甚至科学发明家，都是在静态里不知不觉发明东西。所以说，不静是不行的。

譬如刚才我讲，我的处罚要他静，受罚的人就很痛苦了。因为大家习惯了动态，自己忘记了生命的那个静态，更忘记了必须要把脑筋静下来，思想情绪完全静下来。一切的智慧，如果不是在静态中，是发挥不起来的。所以刚才提到老子的四句话。

老子同时告诉你道家的修养方法，有八个字："专气致柔，能婴儿乎。"把自己身体活动的功能宁静下来，完全恢复到婴儿状态，脑筋是清楚的，是快乐的，当然是指非病态的婴儿。

世界上这些宗教、哲学或者是一般做学问的，求静态是很难得的。所以我晓得诸位今天要问，为什么要学打坐？打坐是学静态最好的一个根本的方法。

打坐，是修禅定的方法，禅定是宁静的深入，禅定的目的是开发智慧。譬如一杯水，乱搅动的时候，是看不清楚的，沉淀下来就看清楚了。打坐是口头称谓，实际叫坐禅，也叫正思维修，还有行禅、住禅、卧禅。打坐不一定照释迦牟尼佛一样盘腿打坐，全世界归纳起来打坐的姿势大概有九十多种。诸位没有注意到这门学问，你现在到印度去看，有人站着，伸出一只手三十年不动，那只手完全变成树一样。印度有很多人这样一个姿势站着，很多年不动。

你们诸位应该到过巴黎，在巴黎一个地方，我看到一个人穿法国的礼服，戴一个高帽，一个手这样（师示姿势），不动，他可以摆几个小时哦。我们看到就知道，赶快给钱。你把钱一放（动作），他就换一个姿势（众笑）。他也是静态的功夫哎，我看你们诸位都做不到。

静涵盖了很多无穷的力量。印度学瑜珈，中国学武功的，学到最高处，就要练静功了。这是介绍了静。打坐的姿势那么多，我们大家要修养要学静，最高的原理，不靠别的方法，就是反省观照自己，乃至不加任何判断地观照观察自己。

我第一天给大家讲到心的问题，思想问题，有六个原则，大家记得吧？我再提一下，第一个叫"根本心"，这是假定的，心也是个代号哦。

像吃东西一样，当我们思想来，要吃东西，旁边有个作

用，这个东西不晓得好不好吃，在观照自己，这叫"随行心"。

当我们思想一起来，要吃这个东西，第一个作用起来；第二个作用不晓得好不好吃；第三个作用跟着来，该吃不该吃，还要看看人，自己观察的分别，就是起了第三个作用"伺察心"。

第四个作用，决定可以吃，我要吃它了，决定吃了，这是"确定心"。

第五个作用是"总摄心"，把这几种统归合起来。

第六个作用，真的好吃，我还要带给我女朋友或男朋友吃，这是"希求心"了。

现在逻辑分析告诉你，当我们念头、思想起来，同时具备六个作用，一般人自己都不知道。

现在让大家静，你们自己约定不说话，我看大家蛮痛苦的，这是"冒充"，心里不晓得讲了多少话。这样说是笑话，对不起哦，冒充静态是很痛苦的。

讲到这里，再回到昨天晚上的问题。诸位还记得我讲到一个婴儿生下来囟门仍在跳，会跳的时候，不会说话的；等到头顶不跳了，开始讲话了，开始发出声音了。

世界上所有的生命，第一个音发的是什么呢？是一个"啊"。这个声音里头有大科学了，为什么第一声是"啊"？这个我们暂时不讲。

当小孩开始讲话的时候，意识已经形成了，思想的复杂是后天的污染造成的。父母的教育都是"环境污染"，父母、家庭、社会的教育加上学校的教育，一点一点慢慢累积起

来。越老思想越多，老人的思想非常复杂，我们昨天也讲到过。

我们一个思想发动，有多少个痛苦烦恼？在过去、现在，古今中外学问几乎没有一个人能讲得清楚。有一个人讲清楚了，就是我们这位老师——释迦牟尼。

他说我们这个人思想一动，这样弹指一声之间，有六十个刹那，刹那代表时间。一弹指的时间我们的思想有九百六十次转动。释迦牟尼告诉我们，一昼一夜，我们的思想转了十三亿转，刚好是我们中国的人口数。他不是随便讲的。

现在研究心理学、医学，还没有到这样的程度。有一点，你们自己都可以理解得到，譬如他们两位一边听，一边写字，念头都转了好多次，又写字又动脑筋，又看，都在转动。当我们写这一行的思想时，其他的思想也有很多很多。

譬如你们都是当领导的人，你们都是菁英，经常在办公室里想一个问题，其实问题没有那么复杂，但就是要东想西想，都是在乱想，这是浪费精神、浪费生命。

我还要转，时间到了，他让我不要转了。我只好把十三亿切断了（众笑）。大家先休息一下。

第六讲

（大家先静止片刻）

这不是真的静，是假的。但是，这个假的静也是真的，不是说笑话，只是说时间很短，一点点，很短暂，但也是真的。

刚才提到老子讲的，生命的根本是在宁静中恢复的。我可以告诉大家，静态到了极点，能知过去、现在、未来，所有的事都知道。

但是有一个条件，是要真的在静的状态，那时所有的快乐痛苦，所有的感觉都忘了，没有了身体，人和宇宙合一了。所以世界上讲先知啊，什么预知，什么神通，不是假的，都是真的，那是由静态来的。

但是真的能够静，有先知有神通的很少，多半是假的。世界上很多有预知能力、有神通的，我给他一个绰号，是"神通二号"，中国话叫"神经"，就是精神病状态。因为他没有真达到静的境界，达到真静，智慧开发了，如果学科学学哲学，求学问，统统不同了。因为生命的本来，原本就是与过去、现在、未来相通的。我昨天已经把这个原理告诉大家了，你们没有注意。

把乱的思想切断了，我们大家静默一分钟，做得到吗？做不到。因为我们讲静默一分钟，思想已经乱了，然后讲静

默，越要静就越会想。

不静默还好，一静默下来，这里痛，那里酸。等一下吃饱了，上面"呃"，下面"扑"，好像静是非常不好。其实刚才讲的现象，就是生命的现象，等你静下来，它都给你清理干净，可是自己习惯上不知道。

譬如你们都有做事的经验，有时候处理一件困难的事情，一件复杂的事，忽然自己的思想说，这样做可解决问题，那就是静态的作用。那个决定是静态来的，就是刚才讲的"确定心"。

所以你处理复杂困难的事，就要静下来什么都不想，你越想越把自己的脑子转了起来，所有的神经都转起来，最后不死就病。因为这个思想，这个意念很难使它静下来。

佛学上有个方法，《金刚经》上记录下来一个问题，心怎么静下来？我用白话讲出来出版了，后来她（指一位美国女士）翻译了。现在我在为她推销生意了。可见我做推销蛮不错的（众笑）。

所以说这个心本来是静的，你就是不认识自己的静，那是非常大的错误。

不过话说回来，静有那么大的功效，但是我们修养的人，包括宗教家都做不到，为什么？因为物理、生理的作用，物理的世界是没有静的，都是动的，包括太阳、月亮。譬如我们看一座山，这个山有没有动？其实山在动，它在长大，有时候瘦有时候胖，它还移动，也都在呼吸。植物也是这样，都是动态，整个大地都在动。

但是真正动态的能源后面是静态。现在的大科学家知道

一点，但也不敢肯定。我们所讲的静态，是把动态的拉长放慢，是相对来讲而已。我们人为何静不下来？是物理生理作用。每个细胞、神经、心肝脾肺肾都有影响。

譬如肝不大健康的人，脾气很大，或者是很内向，或者非常悲观。这个情绪的影响使人静不下来。譬如肺部不好，胃部的东西多了，懒得用思想，尤其是"酒足饭饱"时，实际上那个是心里最动乱的时候，动乱得没办法，里面都是动态。

真的静态是宁静下来，没有思想，也不是睡眠。要绝对身体健康的，才达得到那个程度。所以你静下来觉得思想很乱，尤其年纪大的要注意，你已经进入病态的状况了。

到了相当的年龄，然后静了，那不是真静，是脑子不会想了。老年人到脑子不会想时，就专门想过去的事。

所以你和老年人相处很麻烦的。人到老了，跟你讲一千次都是过去的事。现在的事都不知道，知道的都是过去的事。这是一种心理状况，年轻人光想未来的，很少想过去的，前途是无限的希望，无限的理想；到老了，就专想过去。

我今天听到你们做了很好的反思，不讲话，禁语，这是对生命修养基本的一个好路子、好方法。

我想大家有很多疑问，我会告诉大家一个答案；至于真要学发起生命的功能，发动智慧的力量，那是专门的方法，不是短时间能够讲完的。这句话是吊胃口，吊胃口是下次还有好吃的东西。

第七讲

（某师为大家唱念华严字母）

刚才应你们的要求，听了一堂音声瑜珈。音声瑜珈很古老，是以前人类音声字母的来源。现在我们自然科学只晓得光速，认为光是世界上最快的，光的生命是永恒的。

但是大家知道，我们前面看的是不是光？我们白天看到天是亮的，晚上看不到，晚上有没有光？一般人认为夜里没有光，这是大家错误的观念。白天是光的明色相，晚上是光的暗色相。蓝色是蓝光，红色是红光，各种各样的光是光色，而那个光的能是看不见的。

光能的排列变化不同，所以看到的颜色就不同。譬如大家看我衣服的颜色是蓝色，如果来做科学测验，你们每人看这个蓝色有深有浅，程度不同。

我有一次到了一个纺织染色厂，正在染蓝色的布，我看他们放的化学原料两种不同。在东方蓝、中国蓝、亚洲蓝的蓝色里，要放点青色，差不多黄种人是这样看。可是给白种人看，这个蓝色里头要放点红的。因为眼睛不同，看色素不同。这些都是色，不是光，所以我们看宇宙间的光，每个人的观感都不同。科学晓得光，光速代表时间，快速、延长、流转。

现在自然科学只晓得光速，究竟声音的速度比光速是快

还是慢？现在还在争论。譬如我们刚才听这位法师唱的"华严字母"，"啊"……这个声音过了以后就听不见了，实际上声波还在转，因为转得太大，我们听不见。这是自然的原理，所以我们几千年的文化里，老子讲过一句话，"大音希声"。最大的声音我们的耳朵反而听不见。譬如银河系统外面的声音非常大，我们听不见。那么现在自然科学上光速和音速哪个快，还没有定论。

了解了音声瑜珈就知道，它同人类声音关系非常大，我们人类差不多上千种语言，声音虽不同，都是表达一个意思。但是，文字、语言并不能够代表一个人的思想。譬如我们讲话，光靠声音，大家真的懂了吗？还要靠表情才行。譬如我们看到一个"啊"字，很高兴的样子，全体每个细胞都表达高兴。譬如看到可怕的，"呃"——（师示恐怖状），要整个形体的表达才能懂得。所以人类的各种语言、文字并不能充分代表人的意思、思想。假使语言文字可以代表人的思想的话，人和人之间就没有误会了。可是人与人之间有很多的误会。就像他们几位的翻译，是不是我的意思，也不知道。所以大家听一个人讲话，像学校老师在上课，一百个人听课，一百个人的理解都不同，差别很大。所以世界上的文字、语言是并不准确的一个工具。这就说明人的思想、意识形态非常可怕。

这三位是我们翻译委员会的委员，不晓得翻对了没有。我们中国唐朝有位到印度的留学生，叫玄奘大师，他就讲到翻译的困难。他（编按：可能是鸠摩罗什之误）说，翻译文字等于小孩子吃饭，像我小时候没有吃过牛奶，靠妈妈把食

物嚼碎，一口一口喂给我吃，我是这样长大的。大师说，翻译就像好的东西都给妈妈吃掉了，给孩子吃的都已经是渣滓了，所以他们几位翻译出来的都是渣滓（众笑）。

刚才这位师父在演唱、示范音声法门。昨天讲到宁静，好的音声作用懂了，自然就会宁静下来，你的思想、情绪都会回到非常宁静的境界。她刚才唱的声音是"啊"，"啊"字非常重要，我先告诉大家，整个世界上的生命，不止人，所有的发音第一个都是"啊"。一个小孩子生下来都是先发出"啊"的音，狗叫"汪汪"，也是"啊"音变化的。"啊"是开口音，生命最初发出的音。

因为彼得·圣吉应大家的要求，希望讲音声法门，希望不要牵涉到宗教。但是我的学生里头有神父、牧师、修女、和尚、比丘、穆斯林，什么都有，所以由这位师父示范。

有一个话你们很不好翻译，中国朋友问我，你究竟信什么教？我说我什么都不信，信睡觉。实际上，我什么教都信。因为所有宗教的最高原理都是通的，真理就是一个，如果有第二个，就不是真理了。譬如佛教经常讲"阿弥陀佛"，第一个字是"阿"；譬如基督教的人，祷告完了说"阿门"；伊斯兰教的神职人员叫"阿訇"。所以说音声是统一的，不需要讲话，一个音声就是共同的语言。假使我们坐在这里，外面有个人叫"啊"，我们全体都会往那里看了。

音声同诸位的健康也非常有关系，有三种音声是所有声音的根本音声，后来变成瑜珈，也就是佛教密宗的咒语。

这三种音声就是"嗡，啊，吽"。"嗡"使脑神经震动，是宇宙物理世界最初形成的音声，"嗡"带鼻音，震动整个

脑部的，假使头脑不清楚或者头痛，你就念"嗡"，它会有震动治疗效果的。

"啊"是胸部、肺部的声音，所以人很难受的时候，"啊哟"的叹气，痛苦感叹的时候，一定念"啊"。因为它把肺部的碳气、烦恼统统发散。所以你念"啊"字会对身体很好。早上起来或很烦恼的时候，那就站在那里，脸上笑，念"啊"，嘴巴不要管呼吸，它自然呼吸回来，你的痛苦、烦恼、很多病都会出来。可是你这样做时，要学会一个动作，非常重要，嘴巴张开笑，因为脸上神经都会拉开，脸上神经拉开你就会开心，"啊"——你的声音发展下去，思想不要动，会感觉身体内外都是一片光明。

这个声音和笑非常有关系，大家先学会笑，不会的每天把脸拉一拉。所以中国的道家做功夫有句最好的话："神仙无别法，只生欢喜不生愁。"我看你们诸位，很多都很严肃，我们中国土话讲，这些脸都是"讨债的面孔"。所以人与人之间一笑，很多事情都解决了。

我以前常常告诉这位美国外交官艾德，他家三代都是外交官，他也蛮严肃的，我每次看到他都要他笑。外交官更需要笑，很不高兴的时候也要笑（师示笑脸），很重要。

所以念"啊"字，要开口念的。脸两边神经不开，脑神经就展不开了。

人家说南老师真好，他那么大年纪看到别人都在笑。什么笑啊！我是在拉自己的神经。你把自己脑神经一拉、放松，就很少生病，而健康长寿了。

刚才讲了两个音："嗡"，头部震动的声音，带鼻音的。

所以你到西藏看到喇嘛念咒，尤其晚上在庙子上念，满山都震动了；"啊"字，刚才也讲了。

"吽"字不同了，是丹田发音。生命震动的声音是从这里来的，由下面的力量提起来。"嗡，啊，吽"。身体不好的人讲话是无气无力。

现在静下来，我请某师再唱一遍，自己宁静下来。

（某师唱诵华严字母）

诸位在自己的心境上可以不动。

音声瑜珈你们可能没有经验，我告诉你们经验，当夜深人静，一个人在高山顶上或者在大沙漠里，自己这样一唱，非常宁静，眼泪不晓得怎么就会流下来，不是悲伤也不是喜欢，那是无比的宁静的舒服，身体每一部分都自然打开了，心里的痛苦、烦恼什么都没有了。拿中文形容：空山夜雨，万籁无声。只听到空山里雨拍打树叶的声音，别的什么都没有。那是寂寞的享受，不是钱财能够买得到的。

所以我的结论告诉大家，人生最高的享受是寂寞，不懂得寂寞的享受是没有用的。

讲到这里太严重了，先起来喝杯茶，休息一下再来吧。

第八讲

因为彼得·圣吉我们认识比较久，他有些偏爱，晓得这里乱七八糟的东西很多。刚才讲音声方面。中国文化实际上在过去几千年，已经融汇了印度、阿拉伯、埃及，及一小部分希腊的文明，所以形成了中国文化，叫做"诸子百家"。譬如大家晓得孔子，在那个时代和释迦牟尼、苏格拉底差不多同时，相差只有一百年左右。

我有个新课题现在还没有人做，自己也来不及做，非常有意思：这个世界太阳从东方起来到西边下去，一百年中，东方出来了什么事什么人，西方也出来了什么事什么人，好像世界的学者，并没有人在这方面研究的，这是人类学发展的一个大方向。

像我小时候，看到这个世界非常有趣，是两个老太婆在管理世界，一个是英国的伊丽莎白，一个是中国的慈禧太后，外搭一个被日本人暗杀了的韩国的明成皇后。然后是丘吉尔、戴高乐、罗斯福、蒋介石、毛泽东。一百年后都没有了，后面不知道出了哪一个英雄。

中国文化过去几千年，融汇古今中外的东西非常多。刚才讲到音声瑜珈的问题，只是报告了一点，实际上内容非常丰富。

本来今天下午的课是继续昨天晚上关于个人修养和事业方向，这个大题目没有完，忽然岔过来提到音声瑜珈，既然

讲到音声瑜珈，这两堂课就改变一下。

听说你们上午看了印度的身体瑜珈，对不对？还有呼吸瑜珈，那个就比较高深了，后来到中国演变成气功。当我在海外听到大陆普遍流行气功，我就觉得很好笑，中国文化怎么变成气功了呢？中国文化是文和武两方面的。

文的方面姑且不谈，中国人是永远爱好和平的，在什么地方证明呢？就在中文的这个"武"字。

什么叫"武"？从三千年以前中国人解释，"止戈"为武，戈是武器，止是停止。但是人类如何才能永远停止打仗？只有以武器来阻止武器，才不打仗。

所以中国文化几千年，始终不肯去征服别人，只有抵抗侵略。

这个"武"字是"止"和"戈"二字合并，意思是停止战争。但是中国也发展战争的技术，等于一颗钉子打到木头上，拿不出来又下不去，只好拿另外一颗钉钉下，把它打出来，就是这个道理。

所以中国的武功，由体能的活动、身体的瑜珈，变成武功，变成少林拳、太极拳等等。中国真正武的方面，由身体的武功变成气功，就是练"安那般那"；然后变成内功，就是打坐，静坐的内养；然后变成道功；最后是禅功。

今天下午，彼得·圣吉提议，又要听声音又要练瑜珈，晚上再接着昨天的话题谈。

现在请古道师到前面来给大家表演武功，他是少林寺的前辈。

（古道师在广场表演武功，大家观看表演）

第九讲

某问：您回来大陆多久？

　　南师：当时我在香港没有回来，李素美总经理先代表我到大陆来。我在大陆第一件事是修铁路。一百多年没修成的铁路，我五六年就修好了。

　　某先生：为什么您作为一个精神领袖，会去修铁路？

　　南师：因为我在美国的时候，中国政府已经派人来看我，那个时候还没有开放，准备开放，希望我回来投资。我说我没有钱，真的没有钱！只有些有钱的学生。可是政府知道，你只要号召一下，这些有钱的学生都听你的。李传洪、李素美都有钱，他们都是跟着我的。

　　我说好，那时内地电灯都没有普及。我说我回来投资有几个方向：第一恢复农业经济，一个国家民族发展，基本的经济在农业，尤其是中国，中国是农业立国的，不像希腊，是以商业立国的。我说我要发展农业，我要投资做肥料；第二，假使不做农业投资发展，我就做水利电力投资；第三，发展交通，中国的公路、铁路不够。不做别的生意，而且投资不想赚钱，只想帮助国家社会。

　　我提出来四句话：共产主义的理想，社会主义的福利，资本主义的管理，中国文化的精神。

　　所以当时那个人说，你家乡有条铁路，二百七十公里，

叫金温铁路，可通上海，通达全国。从孙中山开始发展，想修却一直没有修。他说，现在你去修。我说，好啊。但我一毛钱没有，我就跟李传洪、李素美说，马上给我筹备三千万美金。他们笑着说：五百万、一千万还容易，三千万好难喔！我说，没关系，有五百万我就可以修了。

但是你知道吗？中国的铁路从慈禧太后开始，到现在，都是国家修的，不可以私人办。不像美国，美国的铁路是个人的，像欧洲又不同了。

我说好，我回来修铁路，但是我提出来的四个条件中，我就用资本主义的办法，把这条铁路变成公司。大陆的政府一听头大了，没有一个商人认为回来投资这个会赚钱，怎么要修这个玩意啊？就问：谁啊？有人告诉他们是我。"哦，这班华侨回来投资都要赚钱的，他来修铁路？"结果把这个法令打开，让我来修，我们这个铁路就不走公家的路，就变成公司。我的意思要想把中国清朝以来所有的铁路，整个变成公司化。就是这样回来开始了。同学们都担心修不好怎么办？这很简单，干得好就干，干不好就拉倒嘛。

我修铁路是注册公司，公司是股份制，我占百分之八十，政府占百分之二十，这个条件多好啊！这个条件都是李素美争来的。你看她人小小的，实际上争来也不是为自己啊。我说既然是社会主义国家，修完这条铁路就还路于民，还给全国的老百姓，我一毛钱不要。本来修铁路我花钱哎！每个铁路车站的地方，把那个地圈一圈，可以盖房子、修商场卖，赚钱是在这里！可是我最后一切都不要。

现在你们问起这个，我跟你们讲，很好玩的，当年完全

是商业行为，后来动工了。

我问他们："铁路为什么要我来修啊？你们自己修好了。"他们说："现在政府没有钱。"我说："我也没有钱，老百姓有钱啊。""中国老百姓很穷。"我说："一个人十块钱就有了。把沿线的铁路分成很多股，十块钱一股，每个老百姓有十块钱就买一股。这个铁路沿线是两千八百万人口，十块钱一股，也不少钱啊！"

可是十几年以前，股份制没有深入，所以他们说"不可以"。我说"什么不可以？我也不要老百姓的钱，这条铁路修好是你们的，就是还路于民。我先投资的股本，你再还给我，不是就行了嘛。"那个时候他们不懂发债券，不懂发股票。

我说你们这个铁路，很多山洞，现在铁路都是一样高的山洞，我说高度要加两倍，他说："为什么？世界上铁路的洞都是这样大的。"我说："你们错了，现在铁路货柜是一层，几十年以后商业的社会要两层三层。"

长痛不如短痛，铁路挖洞一次也是痛苦，干脆把它挖两三层高，他们不听我的话。

中国人最注重自己祖宗的坟墓，修一条三百公里的铁路，我最担心不晓得把人家祖坟挖了多少，这是不得了的，这不是政府的问题，是老百姓的问题了。所以，铁路修好到现在我都没有去过，我怕老百姓打我，因为把他们的祖坟挖了。

可是中国的老百姓非常好，非常善良，这条铁路一共挖了坟墓一万六千多座，没有一个老百姓反对过。这个道理是

什么？老百姓的愿望，愿望这个国家发展，宁可牺牲了自己。这就看到老百姓的心愿，真的需要这条铁路。

我是又害怕又高兴，中国老百姓真了不起！结果挖人家一个坟墓，你想想看，给他搬迁费多少钱？只有五十块钱！没有一个老百姓反对，规规矩矩都迁走了。

其次，我主张不能修普通的铁路，要修高速铁路。结果他们也不懂什么叫磁浮铁路。这都是李素美总经理去的，签字也是她签的。人家说这个南怀瑾很了不起，怎么派这么一个乡巴佬一样的女孩子，讲话慢慢的，看上去就好像很受欺侮的样子，其实她最聪明、最能干，都是她签字盖章哦。

我就这样莫名其妙六年把铁路修完了，现在通到上海，生意好得很。

最后修完了，我一个股权都没有，我做到了还路于民。我本来要把铁路的股权还给沿线所有的老百姓，结果我还给政府了，因为政府投资我也投资。他们要求我向外国政府、美国国会借钱，我把这个任务又交给李素美，我说你去和美国的银行交涉吧。但是政府给我的条件，利息只能有六厘，不可能啊！你们中间有做银行的吧？

李素美去交涉向美国的银行借款，花了很多时间办手续，向外国银行交涉，起稿写计划就花费了三十多万美金！

结果一个美国银行家来，和他讲好利息六厘。我告诉素美约他来吃饭，我在香港都不出去吃，太麻烦了，还是像这个桌子一样，约来吃饭。

那个银行家到香港来了，吃完了饭，请他喝茶，我说"你愿意借钱给我修铁路，利息只有六厘。我修铁路没有钱，

不过也不想向你借钱。你看一个向银行借钱的公司，花了很多人力、物力，写表格、资产预算哪、财务会计啊，钱还没借到，这些就花了三十万美金，划不来啊！世界上现在没有银行家哎，你不是银行家，你只是银行的老板、总经理哎。"

七八十年前，我看到过真正的银行家："现在你们的银行都是听董事会的，你来了，我招待你，今天晚上一餐饭吃了三千块。然后你回去写报告说可以投资，你再派四个人来视察，你派来的人我还要沿途招待，请你吃饭、住旅馆，拍你的马屁让你高兴，然后你一趟还不够，还要考察四五趟。四五趟观察完了，总经理还要向董事会提出报告，我这中间已经花费了一二百万了。董事会批准给我六千万，花费已经用去很多很多了，还要加上利息。所以，很对不起你，麻烦你从美国来，我不借钱了。"

那个银行家一听："你怎么那么清楚银行啊？"我说我小时候家里也是有钱人哎，中国乱了一百年，打仗的时候，银行倒了，我的钱没有了，我当然清楚银行了，所以我说银行是靠不住的。

可是铁路还是修了。由于百分之二十是政府的股份，我说这一部分你们政府去借钱吧，政府向公家银行借钱。

所以我修这条铁路，没有派过私人去，李女士是总经理，代表我签字而已，她也没有去看。我更没有派亲友或学生去，统统是政府的人执行。

路快要修好了，而且我有个条件，沿途种树，将来树长大，火车都在森林里开，环境保护就做起来了。修铁路的工程师告诉我，不行哎，火车要转弯的，你树那么高的话，火

车看不见路！我说：你欺负我没有学过工程啊！你那么笨吗！火车在转弯前十公里就种矮树嘛，不就可以转弯了吗！他说：哦，对对，你怎么都知道啊！我和他一样，做梦就想到了嘛，这很简单。

你们看到我在庙港这里搞了六年了，这个地方我很痛苦，可是铁路呢，我六年已经把它修好了。因为没有人去，好办。

人家都说一定修不成的，最后，铁路修得差不多了，我拿回了本钱，利息不要，就修了这么一条铁路，就那么简单。但是我们现在都没有特权，我要去买车票的时候，还是要排队等的。

为什么做好事，我做得到，大家做不到呢？是什么道理？如果不想为谋私利，真正天下为公，谁都拿你没办法。所以，修这条铁路如果派我的学生或者派我的某个孩子去，那就不得了了！

我什么事情都是玩，这件事情也是玩的。

真正做好事，无私，是不怕的。可是有个条件，把握时间与空间的机会。这在一二十年前可以，现在让我修一点铁路我都做不到，时机不对了。现在为了大家修行、上课，这个地方六年还没有完成，这个道理就给你们做参考了。

故事讲完了。喝茶，喝茶。记住，做好事绝对要牺牲自我，无私，不想占便宜。至于说银行，太可怕了，会计师也很可怕，美国现在三大祸害：律师、医师、新闻记者。不止美国哦，你们西方社会，这三大祸害都有的；我们中国人不清楚，偏要学这个，学了这个真糟糕。那位美国的大律师吴

先生，他最清楚，让他报告一下。

某客：老师，我刚跟彼得·圣吉谈了半天，中国自己没有文化精神的话，自己不创出东西的话，是没有出息的，是不是？

南师：没有出息的，最好学我修铁路一样。他是彼得·圣吉的好朋友，北大的环境保护学院的院长。

我们大家喝杯茶，我们继续，明天就结束了，我要告诉你们的话很多，一节一节都断了，下午打拳都打断了。我们马上继续，讲我们昨天晚上的本题。

昨天讲到静，一个修养的根本，诸位当然都想做到最高的修养，我们先讲一个问题，让我算算，六十多年以前了啊，在二次大战的时候，我在峨眉山闭关下来，才二十几岁。四川大学的哲学系主任叫傅养恬，很了不起的一个哲学家，他这个人很滑稽的，经常穿个长袍，拿个烟斗，非常有意思的一个人。他有一天来告诉我，要我去讲课，非去不可。我问为什么？他说：你悟了道下山来，应该给我们四川大学先讲，因为川大哲学系在大后方是第一位。

因为我们是好朋友，经常开玩笑。我说：好好，明天下午我一定来。听说四川大学在成都的望江楼，风景非常好。

我年轻就吊儿郎当，讲好听点是浪漫。一到那里就上课了，很多老前辈都坐在那里，我讲课素来有个毛病，不喜欢有题目，到现场随机讲。我一到就说：哎，我今天来吹牛。我素来把上课叫"吹牛"，这些人都是会吹牛的。一个年轻人讲："吹什么？就吹人生的目的吧。"我说："哟，这个很严重哎！"

那一天我还记得，我说"你这个题目出得好！"第二句话我说"你这个年轻人题目也不会出，这个题目不是题目"。

首先以逻辑来讲，什么叫"目的"？譬如这一次，彼得·圣吉和诸位到中国，到这里来为了一个目的，到吴江庙港，这里有乱七八糟的房子，里面有个古里古怪的南老头子，来听他吹牛，这是目的。人生的目的是个哲学的大问题了，请问，有哪一个人是从妈妈肚子里光着屁股出来说，我是来干什么的！有没有？没有。

世界上许多人是以人生享受为目的，人生以什么为目的，有很多的理论，这都是放狗屁，学者们乱吹的。干脆让你们笑一下，我讲的放狗屁是有典故的，很高的学问啊。

中国三百年前的清朝有个大学者叫纪晓岚，乾隆皇帝让他把中国所有文化汇编成书，叫《四库全书》，他是总编辑。他不大写文章的，人家问他，你为什么不写？他说，几千年的文化都给别人写完了，我写什么啊?！他的学生都很了不起，都是学士。有个学生写篇文章，叫另外一个同学拿去给他看，他一看，批了"放狗屁"。这个同学看了，不好意思拿给写的同学，然后，另外一个同学问了，"老师啊，他的学问很好，你为什么这样批啊？"

"我这么批，是第一等啊！如果不好的文章我就批'狗放屁'，最不好的我批'放屁狗'，我这样批他是第一等啊。"（众笑）

现在回转来我们的题目。这些人讲人生以什么为目的，都是放狗屁，没有道理的。

以逻辑本身来讲，是不合逻辑的。但是你这个题目很合

逻辑，我又回转来讲，为什么讲你合逻辑？因为你本身的题目就是答案，题目是"人生以什么为目的？"答案是"人生以人生为目的。"没有理由，毫无理由。

前天我给你们讲的：莫名其妙地生来，无可奈何地活着，不知所以然地死去。三个阶段。

这是一个现象，我们人一定不甘愿的，自己认为有个目的。因此要认清楚，什么叫人生？这就产生两个问题了。首先是生命的意义是什么？以中文来讲，生命是两个东西的组合，万有存在的东西，包括草木、动物、一切生物，这叫"生"。所以，佛称一切生命叫众生；什么叫做"命"呢？命是有思想、灵魂的叫做"命"。

这个引出和你们英文文化不同的两个中文概念。这是生命的组合，换句话来讲，好像是二元论的生命，实际上不是二元论，是一元论。生命后面那个能，分成阴阳两个组合，它的作用表面看起来是二元，实际上是统一的，也就是哲学上讲的"心物一元论"。要研究这个生命的来源，就是我们这几天讲的，人怎么样投生等等，因为时间的关系，暂时不讲下去了。

这次诸位来，不要忘记我提到的"生命科学与认知科学的综合"。这个问题是刚刚起头，没有讲下去，将来再做讨论。现在讲生命意义的问题，生命看着像是没有意义的。然后问，我们活着生命的价值是什么？这个问题更大了。

中国文化对于生命价值，是我们从小记得的两句话：生有轻如鸿毛，死有重如泰山。

中国文化的教育培养一个人的人格，对于生、死的看法

是两个方向。如果说，没有意义的生命活下去，可以牺牲了，叫"生有轻如鸿毛"；有意义的死应该去死，叫"死有重如泰山"。所以中国文化的精神影响了东方世界，就是过去以中文为主的国家，包括日本、韩国、越南、泰国、东南亚一带。所以它的教育注重做人要忠与孝，忠臣孝子。

尤其知识分子注重节操、品格，换句话说，是轻视生死，也非常重视生死。这是生命的意义与价值。这个问题讨论下去也很严重。

中国几千年的教育重点，是在这个地方培养一个人。现在没有了，现在是贩卖知识，在国民的道德、人品教育方面，已经放弃了。这和西方的杜威思想，注重实用主义，把根本文化放掉，是异曲同工。现在我们想重新建立非常困难！这也就是我们正在做的事。我大概介绍这一点，也是一时讨论不完的。

其实生命活着是生存问题，再其次是生活的问题，现在全世界人类在这个科技文明的社会里生存，在全世界受经济、金融影响的环境中活着，大家只为了生活忘记了生存，生存的意义和生活的意义完全不同。你们诸位担心的，也是和我们担心的一样，你们诸位都是为人类生活的问题而担心，再进一步是为人类社会、国家之间的生存而担心。但是全世界人类在今天的文化思想方面，完全是个空白，忘记了生存的意义，忘记了生命的价值，想再进一步讲生命的目的，那就是个大问题了。

所以这几十年当中，我经常给中国的同学们讲，十九世纪的下半期到二十世纪，知识分子每个都交了白卷，因为世

界上需要文化精神的中心领导，这个时期内文化都没有了，交了白卷。我常常说，大家都在跟着转，是四个西方文化的理论在转：

一个是达尔文的进化论，进化论甚至讲人类是猴子、细菌变的；我说，达尔文的祖先是猴子变的，我的祖先可不是哦！这是个大问题。进化论的"物竞天择，适者生存"观念，也影响了世人不择手段地过分竞争。这是达尔文的思想，影响了这一代的文化。

第二个问题是弗洛伊德的性心理学，影响了这个时代，特别是妇女性开放以后，非常非常严重。以我所知道的，年轻人在电脑网络已经结婚了一百次、性交了一千次都有。我们有位同学专管艾滋病的，艾滋病还是小事，将来都是性无能的病。现在美国也好中国也好，据我所知，不到三十五岁的男女，很多都性无能了，这个脑子完全堕入时代科学的幻想境界了。

第三个，马克思的资本论。关于人类贫富的分配，科学与哲学的问题，影响了共产主义、社会主义。不是讲它不好哦，是讲它是个趋势。

第四个是英国人的杰作了。现在全世界的金融、经济的观念都受凯恩斯"消费刺激生产"理论的影响。过去的西方包括欧美与中国的文化，是以勤劳节省理念为主。自从"消费刺激生产"理论出来以后，产生了今天工商业的过分行为；金融的各种现象，对于物质的浪费、环境的污染都是不可控制的，没有办法阻止的。当然，最好的消费刺激生产就是世界大战，战争的消费是最厉害的！现在全世界都是商业

战争。为什么说是商业战争？好听一点是争取市场，不好听讲是争取工商业的战场。而且在这个理论影响下，各行各业都在千方百计引诱别人消费，将生存生活的理念彻底引到奢侈消费的方向，使大众感到生活代价很高，活得很累，烦恼很重，全世界都被催眠了。

今天的世界是这四种理论在转。

所有西方的固有文化推翻了，宗教、哲学等等都站不住了。东方国家的固有文化也推翻了。这个世界的演变，要如何重新再把文化建立起来？这就是我们大家知识分子的责任，这个不是金钱能买得来的。所以我们现在活着的生命价值、意义是要向这一方面去努力。

可是现在大家迷糊了，只为生活去努力，忘记了社会群众的生存问题，更忘记了生命的意义，所以这个问题讨论下去的话，要从中国的《大学》、《中庸》内在的修养开始了。这个时间就要很长了，不是这几天就可以谈完的。

我要补充一下，什么叫生活？我们这边都是中国新一代企业家的菁英。但我根本不承认中国有企业家。什么叫企业啊？什么叫职业？他们很多人都不知道，只知道赚钱。这不是企业家，企业、职业和事业大有差别。有些人常常问我，"你做什么事业啊?"我说："我做生意啊。""你做什么生意啊?"我心里马上红笔一勾，这个家伙糊里糊涂。中国文化讲事业的定义太难了，这句话在《易经系传》里孔子讲过，说"举而措之天下之民，谓之事业"。比如说我修铁路，比如说大禹治水，比如说一个科学家为人类发明创造物质文明。"举"是一个动作；"措之天下之民"，使社会、人民得

到安定。这样的事情叫做事业。

我们开公司、工作，这不叫做事业，这叫职业。中国文化形容职业是三教九流，各行各业。所以我们可以看到一个国家社会衰落的时候，文章中就有"百业萧条"四个字，是讲社会经济的衰落、萧条。

所以现在我们做生意发财、钱很多，还谈不上是资本家。譬如人讲资本主义，我说资本没有主义哎！

资本、钱财是个实力的观念，没有错。等于人生以人生为目的，资本也是以资本为目的，它自己没有主义，不管你社会主义、共产主义，任何一个思想必须要用到资本。"资本家"这个名称我也不认同，请问以多少钱为标准，可以称做资本家？这些都是空洞的名称。

真正的事业是为人类社会生存而做的。普通我们做的包括诸位，都是为生活不是生存，是一种职业，即使做皇帝也是一种职业。我给你们讲一个你们没有听过的，中国文化里的一句俗话，所谓"三教九流"。"三教"是儒、释、道三个宗教；"九流"是把职业分为九种：

一流皇帝二流官——第一等职业是做皇帝，二等是做官。

三僧四道五流医——僧是喇嘛、和尚，是三流，道士四流，医属五流。

六工七匠八娼妓——六流是工人，七流是匠人，娼妓八流。

九流书生十乞丐——书生是九流，叫花子十流。

很好玩吧？我们学哲学的人仔细一想，哟，这个分析得很了不起，这叫职业平等。所以前些年叫知识分子"臭老九"，是从这里来的，是有根据的。

你注意，在这十种职业里，有两种人没有，很奇怪；没有商人也没有军人，这两种人还不入流。另一个哲学观点就是，中国文化思想里反对军人，同时，儒家传统的思想是轻商的。所以这些都是职业，这叫生活，不叫生存，也不是人生的意义。

有人把它搞错了，以为是阶级观念，这不是阶级，是生活及职业的分类，与生存的目标及生活的意义完全是两回事。

因此，回转到我们昨天晚上所讲，首先是修养，为什么要静坐、为什么要不说话，去反思？这是为了追求生命精辟的东西了。

所以昨天彼得·圣吉要求你们一天不讲话、反思，你们可能觉得他似乎很奇怪，我特别替他说明一下。

思想怎么宁静下来，是不是大家真想体会一下？这就要明天研究了。

第十讲

诸位，我们大家在一起玩了四五天，我看诸位的心情和我一样，按中国的成语来讲，叫"临别依依"。两个中文字"依依"，就是舍不得分开，分开了又分不开，不分开又必须分开，所以叫"依依"，是临走以前的感想。

我本来有很多的话和大家讲，第一句话：很抱歉。抱歉是因为我要说的太多了，所以讲的都是有头无尾，没有结论。今天晚上我想给大家归纳一下，你们诸位都是救世主的心情，都想对社会、人类、国家有贡献，你们担心的就是人类社会的能源问题、环保问题、未来的饮水问题，等等，都是一些大问题；未来人类的战争是为水的战争，很快就要来了。第三个你们诸位担心的，以现在的工商发展，地球的物资消耗太大，将来会出大问题。这都是你们诸位担心的问题。

如果我算是一个人，我会非常感谢大家！因为大家为人类在担心，不晓得会变成什么样子；但是我这样的年纪不算人了，因此我们综合这几天的讲课，告诉大家，整个的人类文化以及一个国家，一个社会、家庭、个人，有一个自然变化的规律。

世界上没有不变的事，所以开始我就提出来，诸位所担心的，是人类文化的一个演变，这种演变结果的好坏很难下

定论。这是第一次先提的问题。但是我想告诉诸位，在中国文化里头，关于人类的演变，整个世界命运的改变，有一个数术的规律，一般人都不知道。可是要把这个数术公式告诉大家，不是几个钟头讲得完的，也不是几天能讲得完的。因此议题就断了。

后来我们跟着讲第二个问题，人为什么反省？怎么样静下来反省自己，认识生命？这就牵涉到现在刚开始的认知科学与生命科学。

一般人反思的时候，就是静下来时自己的思想停不了，没有办法使自己思想完全进入一个宁定的境界，这也可以叫它"认知与生命科学"静的一个状态。这是很难的，刚刚想开始讲，太复杂了！

希望等一下大家提醒我注意，告诉你们一个基本的方法。因为你们不提，我讲话有一个毛病，中国人四个字形容"天马行空"，一跑不知跑到哪里去了，所以有时候要有根绳子拉我一下。刚才讲如何快速使自己反省进入静的境界。

我们第二次正讲到这个问题，到了第三次又转了一个方向，所以诸位这次像看儿童动画片，一段一段都是连不起来的。

我们现在回转来，把三个问题做个简单的结论。

这些问题都属于十六世纪，文艺复兴以后，工业第一次、第二次革命，到现在第三次的精密科技工业这个阶段所发生的。

工商业的发展促使了精密科技文明的发达，使人类倾向于唯物的享受了。所以科技文明精密的发展，和工商业发展

的今天，给人类带来了很多生活上的方便，但是，并没有给人类带来更多的幸福，甚至可以说给人类带来更多更新的烦恼。"烦恼"两个字不是痛苦，是非常烦，"烦恼"两个字很难翻译。你（彼得·圣吉）刚才这样就是烦恼。

刚才提的几个问题，担心能源问题、环境问题、水的问题、物质消耗的问题，都是这个科技文明发展所带来的。

那么在人类的文化史上，有没有可以和这个痛苦时代相比较的？我可以告诉大家：有的。

我现在举出中国历史上一个很明显的比较给大家听。四千多年前，我们的历史是以黄帝纪年开始，现在是四千七百多年了。我讲两个年代比较，不是哪个高明哪个好，只是说明我们有历史记载，是从轩辕黄帝开始的，是有记录的真实数据。

那个时候开始的记录，是以天文、数学为主。所以真正要研究人类科学史，中国文化中的数学、天文，应该是人类历史先进的第一页。而且把非常复杂的天文数字，非常复杂的数学原理变成几个字来代表。譬如我们讲算命的甲子、乙丑、丙寅、丁卯，十个天干代表天文，十二个地支代表地球的运行，把这十天干、十二地支合起来是六十花甲，没有数字，也没有复杂的理论；不过现在都不懂，变成给人算命、看相、看风水，变成迷信的东西了。

到了两千八九百年前，中国的文化不但有科技，还发展到人文，所以产生"诸子百家"之学，非常发达。

大家都知道孔子，对不对？和孔子、孟子同时的有一个大学问家叫墨子。现在给你们介绍墨子，他的影响很大，不

但你们西方朋友们很少知道，中国的一般学者也很少研究他。

墨子的学问已经有社会主义的思想，已经有特别社会的一种构想。我们孔子的徒孙孟子，当时反对他的社会主义思想。这里产生两个问题了。一个是人性的问题，所以两三千年前我们先人已经研究，人生下来这个人性是善还是恶的？这个在几千年前我们已经研究得很透彻了。

譬如老子、孔子、孟子、释迦牟尼佛、耶稣、穆罕默德，差不多都是讲人性本来是善的，后来给自己搞坏了。例如《圣经》比喻的，本来男的、女的都很善良，后来给蛇骗了，吃了苹果，变坏了。

中国早就研究这个问题了，也有一派主张人性本来是恶的，是后天教育的善把他转变过来。

墨子的思想认为人性既不是善也不是恶，本来是张白纸，无善也无恶。受人文教育的影响，把这张白纸染成黑的就是黑的，白的就是白的，都是我们自己乱玩出来的。他尤其主张科技的发展，墨子是中国社会最初的科学家、工程师，而且他反对战争。

那个时候中国有很多的国家在战争，但是如果哪个国家要打仗，他就来说不要打；你如果发动战争，他马上就跟你打。他只是一个人啊，他没有权力，也没有军队，可是每个国家都怕他。他有很多的学生，而且学生都有组织的，他说你杀了我也没有用，很多的墨子都会来。历史记录他光着脚在外面走，吃得很简单，衣服穿得很破落，一天到晚在社会上乱跑，叫做"摩顶放踵，以利天下"，没有自我。

所以我这一次看你们来，你们诸位好像都是现代的墨子，都是"摩顶放踵，以利天下"，都替人类着想。像墨子，两眼累得都是黑的，从头到脚，如果能利益人家的，什么都给人家，他是这么"天下为公"的一个人。

可是现在中国有些年轻人研究墨子，说他是阿拉伯人、印度人，因为他光个脚，剃个光头，晒得黑黑的，像印度人，太好玩了。

我可以讲，他是中国最早帮会的头子。所以每个国家都怕他，两个国家要打仗，他一来就说，不能打！你们要打的话，墨家的弟子都来打你们两个，所以大家都不敢打了。

和他同时有一个人，这个人叫杨朱，他是主张个人主义的。墨子是"摩顶放踵，以利天下"；这个杨朱是绝对个人自由主义，"拔一毛而利天下不为也"。你把我一根汗毛拿走，对你有利处，我不干。刚好和墨子对立。

所以研究中国文化历史，很有趣，孔子是站在墨子和杨朱中间，那个时候，儒家的孔孟之道一点办法都没有，孟子讲了两句话：天下之言，不归于杨，即归于墨。

这就代表人类的思想，杨子的思想，类似资本主义社会的个人主义、民主观念；墨子思想是天下为公，相似于共产主义、社会主义观念。两面争斗得很厉害。

儒家孔孟的道理就不同了，走中间的路线，天下绝对为公不可能，天下完全自私也不可能；人类保存了一小部分为私，才可以做到天下为公。对啊！我们做不到完全帮忙别人，你说叫人绝对不帮忙别人，也做不到。

我现在不是介绍这个，我乱七八糟扯了那么多，重点

是，墨子和同时代的公输班，当时就各自发明了飞行器，他们当时用木头造了一个鸟，放到空中飞几天几夜。这不是神话，是真的。所以我们现代人读墨子的书很难懂，他有很多科学的东西。和墨子同时的公输班，因为是鲁国人，故又称鲁班。他是工程师、科学家的祖师爷。

当时打仗用的都是刀兵武器。有一次，墨子和公输班的国家要打仗，对方领头的是公输班。墨子马上来了，说你们不能打，打仗对人类残忍，不准打。墨子说，我知道你有武器，你的武器像香烟（南师的现场比方），我拿个打火机把你烧了。鲁班说我还有别的东西，墨子说，我都可以对付你。讲了半天，鲁班没有办法。

最后鲁班讲，我有一样东西，你绝对破不了。墨子哈哈大笑，我晓得了，你现在想把我杀死，我既然来了，就不怕你杀死我，我死了，我下面的学生多得很，很多墨子会来。

中国的历史上有这样一个科学家，而现在介绍墨子，是讲科学的发明。

晋朝时，中国有个和尚也造了一只鸟，在空中飞了一段时间。不过政府不准用这些，因为中国的政治思想对科技的发展，几千年来有严厉的禁止，认为是"奇技淫巧"，对于奇怪的思想，用一些特别的工具，都一概禁止。

中国文化素来是走道家、儒家的自然主义，对于奇怪的发明，新的、好的都不准用，因为说物质文明越发达，人类的欲望越提高；人类对于物质的欲望越提高，社会越乱，导致精神生活越空虚了。这是中国两三千年政治领导思想的中心。所以在那时，中国科技发展就受了影响，被压制了。

科技压制了以后，用天文、数学的原理，专门研究人以及人生的运气了，算这个人明天碰到什么，包括明天会跌跤等都会算出来。把科学技术用到了这一面。

所以中国几千年的文化思想，两三千年的历史是这样滑稽的，你说他不对吗？可是也很有道理。既然不发展科技，发展什么呢？发展生命科学。

所以南北朝的发展研究，趋向如何打坐，怎么样变成神仙、把这个身体修到长生不老，不但长生不老，靠自己的精神，打坐，修出来另一个我，永远存在。

在这个阶段，中国对于生命科学、认知科学的研究，已经非常发达，儒释道三家归纳，有儒家孔孟的，道家老子的，印度的释迦牟尼也加入了。都是个人自我的研究生命，成佛成仙，生命的升华，向自我的精神方面走。

在这个阶段，研究生命有没有神？有没有前生、来世？都是研究这些了。这个差不多连续了一千年。

西方文化这一千年在干什么？天主教形成了，专门研究神存在不存在，和中国一样。

至于帝王政治，就不跟你们谈了，谈这个更有趣。然后就碰到文艺复兴，是十六世纪以后的事了。

第十一讲

为什么讲到中国历史的这一段？有句话希望大家注意，你们担心世界的变化，你们看中国的历史，就可以做个比较。

　　中国的文化、历史在这个思想下面，它自称"天下"，他根本不知道海外那么多的国家在干什么，完全不知道。这时，中国什么都有，还有丝绸、茶叶等，太舒服了！欧洲原来没有丝绸，后来从中国带去才有。中国有"丝绸之路"，那时欧洲的确很落伍，什么都没有，是真的。我讲一句不怕得罪你们的真话——欧洲很穷，十六世纪以后慢慢富裕起来。我讲的话，由于立场不同，讲话也不同了。

　　西方、欧洲的财富从哪里来的呢？骗中国抢印度得来的。

　　你研究当时欧洲的经济，真的是一穷二白什么都没有，对于东方神秘的中国，觉得很稀奇。十六世纪文艺复兴以后，西方文化变了，反对宗教的这些哲学思想，使思想开放了，同时发展了科技。那是中国明朝阶段，距现在六百年。慢慢科技的文明进入到中国，第一个进来的是钟表，中国人一看，"嗯，还不错，这些外国人乱搞的，为什么发明这些东西？"

　　明朝距离现在六百年，皇帝拿到这个东西是玩玩的，怎

么来的？传教士带来的。譬如澳门是个小岛，外国人进中国来，很好的人留着，不好的把他们赶到澳门去，随便他们乱搞。中国的文化发展是这样，哪知道十九世纪以后变成这样一个世界。

你看科技文明的发展，两个对照，一个国家一个民族安定了几千年，所谓现代这些科技什么都没有，却过得很自然，很舒服。到了西方文化骗了中国抢了印度，两百多年的占有，东方的黄金白银统统流到西方去了，变成现在西方的文明。

这一下给中国一个大大的、痛苦的打击，从十九世纪到二十世纪。像我小的时候，已经对中国历史、西方历史了解了。但我很乐观，我说不要怕，他们科技越发展得快，我们越好，就是"迎头赶上"四个字，后来孙中山也用上了。

怎么叫"迎头赶上"？你车子越开得快，我不在后面跟，在车子还没有来时，我在你车子前头等着你。你看到今天的中国社会了吧！赶到科技火车头的前面，变成二十一世纪今天的中国！因为前面你们研究很深刻的东西都不管了，最后研究好的拿来就可以用了。"迎头赶上"不是在屁股后面跟哦，屁股后面跟了几百年，很辛苦哎。

所以我刚才提出来叫你们看中国历史的发展，和现在的中西文化做比较，你就看到，科技文明究竟给人类带来了什么，是祸害，还是和平？不知道。科技是没有感情的，可是人心百分之九十九都是感情、情绪，所谓理性也常常是为情绪服务的。感情、情绪的陶冶，人格的养成，会不会做人做事，不是科技的范围，而是哲学、宗教、文艺、教育的范围。今天的世界唯科技马首是瞻，人格养成没有了，都是乱的、不成器的，教育只是贩卖知识，这是根本乱源，是苦恼之源。只有科学、科技、哲学、宗教、文艺、人格养成教育回归一体，回归本位，均衡发展，才有希望。

我今天很简单地举出这个例子来。在中国，在西方，我没看到一个学者这样做出准确的比较。虽然我讲得很短，内容却很深。

这个问题差不多做了一个结论。你们回去要想很久很久，时间的关系，暂时到此为止。

第二个问题来了，讲静坐修养的问题。喝一下茶，把脑子清洗一下再来吧。

第十二讲

我们接着前天的话题，怎么修养？释迦牟尼对这门科学讲得最清楚，儒家、道家讲得很笼统，最周详的是释迦牟尼的说法。他讲我们第六意识的思想（是讲成长以后，不是讲婴儿阶段），一弹指间有九百六十个意识在转动，一昼夜有十三亿的思想在转动，我们自己不知道。现在如果研究医学、脑科学，慢慢就会发现了。

　　譬如我们的睡眠，你说人真睡着了没有？没有。只是脑子一部分休息，另一部分还在活动。所以人睡着了会做梦，可是大部分人不知道自己在做梦。其实没有一个人不做梦，只是睡醒已经忘了。对梦有记忆的话，这个人脑子已经特别了。

　　梦是我们第六意识的反映，这种现象的名称叫"独影意识"。我们白天有眼睛、耳朵、身体综合起来帮忙配合思想，当我们睡着时，眼睛、耳朵、身体都不帮忙了，那个意识就叫做"独影意识"。这种作用在人睡着的时候就变成梦；也有一些人修道、打坐、冥想、练功，把身体慢慢放松了，出现的境界，也多半是这种独影意识；还有脑衰弱、精神病也会有这种独影意识现象。

　　人一定都会做梦。但是醒后不晓得，而不是没有梦。世界上不做梦的只有两种人：一是至人无梦。至人是得道、成

仙成佛的人、有最高智慧的人，他没有梦但不是白痴哦；相反的，他什么都知道，他是不用意识的。另外愚人无梦，笨到自己没有思想，那就没有梦了。

我真的碰到过这样一个人。几十年前，我从峨眉山下来回到家里，我父亲的一个朋友，他单独请我吃饭，然后吃完拉我到楼上去，不给别人听，他有个问题问我。

他说："人家说你得道了！别人我不讲的，因为你得道我问你。"

我说："伯伯啊，我没有得道。"

他说："不管，你要告诉我，什么是梦？"

把我问得愣住了，我说："伯伯啊，你没有做过梦吗？"

"没有啊，我六十岁了，没有做过梦啊！不晓得什么叫梦，你们都说'梦'，好奇怪哟！"

可是他是个大好人，不是愚人，真是个好人！他帮忙人家，什么好事都做，专门做好事的。

我很难对他解释，当然我引导他说现在就是梦。我说现在我们讲话很高兴，你还看着我。眼睛闭起来看不到我，我也不讲话，这个时候梦就没有了。但他好像似懂非懂。

梦在开眼闭眼之间、脑神经闭合之间，这是非常大的科学了。中国文化里有一句话叫"痴人说梦"，笨人在讲梦话。

现在我们不谈梦了，因为讲思想而讲到梦。我们的思想那么多，自己看不清楚。其实大家静坐下来，是不是知道自己思想那么多啊？譬如诸位坐在这里听的时候，是不是知道有一个很清楚的在听讲话的，有没有？一定有吧！当然有个知道的，那个是知性，不是思想。

现在我讲话，你们听到，同时你们自己也在分析这个话的道理，对不对？起了很多作用，对不对？可是你有一个知道自己在分析、知道自己在听话、知道自己在思想的这个东西，它没有动过，这个东西很清楚。

所以这个东西不需要你去用力的，不需要你去找的，你自然知道自己思想。搞清楚了吗？起码有一两个搞清楚的吧？假如全体搞清楚，那不得了啦。

我们知道自己有思想有感觉的，这个是知性，它没有动过。当我们睡觉一醒过来，第一个是这个东西，那个叫"睡醒了"，很快的，第二个东西——思想来了。是不是这样？

对，就是那个东西，你把握住。

自己的思想为什么那么多？这个叫妄想，也可以叫浮想。我们知道的这个妄想，可以分成三个阶段：过去、现在、未来。过去没有了，未来还没有来，讲现在，现在已经没有了。

所以你静下来的时候，不要怕妄想多，你那个知性看到妄想，就把握这个。前念已过去，未来还没有来，就看着现在。分成三段。常常这样反省、体会，时间一长，你就会很空灵了。

如果你把握这个空灵，假如盘腿打坐，把握得越久越好。这个把握久了以后，你的身心、脑力、体力什么都转变了。

问：有时候打坐会有一个灵感来，这算是妄想吗？

这也是个妄想，但是这个妄想不同。当你很宁静时，妄想也比较细小。忽然一个思想来，明白了一些事，这叫做

"觉"。这个"觉"比妄想高得多了，是智慧的初步作用，在西方哲学叫做"直觉"，也叫做"直观"。

这是好的，但是也是妄想。如果没有这个妄想，过去已过去了，未来还没有来，当下很空灵，没有直觉的妄想，在里面能知道的，这个叫"智慧"、叫"般若"了。

刚才素美希望我告诉你们一个比喻。佛学里有一句话："香象渡河，截断众流。"它比方人的思想、情绪像长江、黄河的水流一样连着的，非常大，断不了。象王叫"香象"，普通的象是两个牙齿，菩萨骑的象王有六个牙齿，也比一般的象大得多！那就是大英雄了。象王渡过急流时，不转弯走，急流力量那么大，它用身体把急流切开。所以叫"香象渡河，截断众流"。

中国人有两句俗语形容有勇气的人——"提得起，放得下"。思想也可以有勇气，我常常告诉人，借一个力量来，就说一句"去他妈的"，也就没有了，切断了，这就是咒语。

不过话说回来，这是借用的办法，不是究竟。

要自己对心念有很大勇气，马上放下就放下，切断。但这不是压制的，千万不能压制，不是很紧张地硬压住，那对脑神经对身体有妨碍的。还有个方法更清楚，一个人到最伤心的时候，痛哭一场，悲哀时大号一声，痛苦就没有了。

为什么大家喜欢跳舞？因为物质生活的压迫，这个时代的人都很苦闷，他在跳舞时放松了，可是他没有办法把握。在唱歌跳舞的时候只是暂时忘了，一回到家还是感觉凄凉。如果他把握到放松空灵的境界，就了不起了。

还是请师父唱念，进入音声世界吧！这是音声瑜珈，这样一念，使你身心空灵，会进入大悲观世音菩萨的境界。你跟着音声进入，自己会流下眼泪，那个眼泪不是悲哀也不是欢喜，是自然进入宁静的世界。中国有句唐诗，叫"念天地之悠悠，独怆然而涕下"，不是凄凉也不是悲哀，是菩萨的大悲心。

"独怆然而涕下"的"独"字，是没有一切人，或者独自一个人空灵地在这里，这就是大悲的境界。

（宏忍师带领大家唱念华严字母）

东方出版社南怀瑾作品

列子臆说（上中下）　　　　　静坐修道与长生不老

我说参同契（上中下）　　　　道家、密宗与东方神秘学

易经系传别讲　　　　　　　　中国道教发展史略述

易经杂说

小言黄帝内经与生命科学　　　亦新亦旧的一代

漫谈中国文化——金融　企业　人生的起点和终站

　　国学　　　　　　　　　　历史的经验

廿一世纪初的前言后语　　　　中国文化泛言

南怀瑾讲演录 2004—2006

Basic Buddhism：Exploring Bud-　*Tao and Longevity*（《静坐修道
　dhism and Zen（《中国佛教发展　　与长生不老》英文版）
　史略述》英文版）